HANS HERBERT VON ARNIM

Wirtschaftlichkeit als Rechtsprinzip

Schriften zum Öffentlichen Recht

Band 536

Wirtschaftlichkeit als Rechtsprinzip

Von

Hans Herbert von Arnim

Duncker & Humblot · Berlin

CIP-Titelaufnahme der Deutschen Bibliothek

Arnim, Hans Herbert von:
Wirtschaftlichkeit als Rechtsprinzip / von Hans Herbert von
Arnim. – Berlin: Duncker u. Humblot, 1988
   (Schriften zum Öffentlichen Recht; Bd. 536)
   ISBN 3-428-06435-6
NE: GT

© 1988 Duncker & Humblot GmbH, Berlin 41
Satz: Klaus-Dieter Voigt, Berlin 61
Druck: Berliner Buchdruckerei Union GmbH, Berlin 61
Printed in Germany
ISBN 3-428-06435-6

Vorwort

Das Thema „Wirtschaftlichkeit als Rechtsprinzip" übt aus mancherlei Gründen eine besondere Faszination auf den Verfasser (und vielleicht auch auf den Leser) aus; vier Gründe seien schon hier genannt:

1. In den letzten Jahren hat sich immer dringender die Frage gestellt, ob und inwieweit auch die Rechnungshöfe als Gegengewichte gegen Auswüchse des Wohlfahrtsstaats fungieren können. Die Antwort hängt nicht zuletzt von der Ergiebigkeit des Wirtschaftlichkeitsprinzips als des Hauptmaßstabes der Finanzkontrolle ab. Daß die Bestimmung der Bedeutung und Reichweite des Wirtschaftlichkeitsprinzips erhebliche praktische Konsequenzen haben kann, zeigt sich besonders an der Gretchenfrage, an der sich bislang noch die Geister scheiden, ob nämlich auch politische Entscheidungen, also vor allem Gesetze und Regierungsmaßnahmen, der Rechnungshofkontrolle unterliegen.

2. Von großem Reiz ist weiter die Unterscheidung zwischen Bindungs- und Kontrollnorm: Auch wenn sich eine rechtliche Bindung etwa des Gesetzgebers selbst an das Wirtschaftlichkeitsprinzip nicht zweifelsfrei erweisen lassen sollte, kommt dieses Prinzip immer noch als Maßstab für die Kontrolle des Gesetzgebers etwa durch die Rechnungshöfe in Betracht.

3. Im Verständnis der Wirtschaftlichkeit als Rechtsprinzip sind Konsequenzen für die rechtswissenschaftliche Dogmatik angelegt, deren Tragweite kaum überschätzt werden kann. Die staats- und verwaltungsrechtliche Lehre geht herkömmlicherweise von einem kategorialen Unterschied zwischen Rechtmäßigkeit und Zweckmäßigkeit aus. Die (positive) Kennzeichnung eines Problems als Frage der Zweckmäßigkeit enthält üblicherweise gleichzeitig die (negative) Aussage, daß es sich nicht um eine Frage der Rechtmäßigkeit handelt. Nun bedeutet Wirtschaftlichkeit aber, schaut man genauer hin, nichts anderes als die Optimierung einer Zweck-Mittel-Relation; Wirtschaftlichkeit ist eine Form der Zweckmäßigkeit. Erweist sich Wirtschaftlichkeit als rechtsverbindliches Prinzip, kann man nicht umhin, die überkommene kategoriale Trennung von Recht- und Zweckmäßigkeit zu überdenken, und muß das Verhältnis dieser beiden Begriffe möglicherweise neu bestimmen.

4. Berücksichtigt man weiter, daß das Grundgesetz die letzten Zwecke der Rechtsordnung und der Organe der staatlichen Gemeinschaft rechtsverbindlich festgelegt hat, die weder von den Sozialwissenschaften noch von der Philosophie allgemeinverbindlich zu klärende Frage nach den Staatszwecken rechtswissenschaftlich also durchaus beantwortet werden kann, so eröffnet

sich der Weg, das bloß formale, in den Dienst aller möglichen Zwecke zu stellende Wirtschaftlichkeitsverständnis zu einem materialen Wirtschaftlichkeits- bzw. Rationalitätsverständnis fortzuentwickeln.

Die vorliegende kleine Schrift kann natürlich nicht alle einschlägigen Probleme behandeln und schon gar nicht abschließend klären. Es wäre viel, wenn es gelänge, die (notwendigerweise inter- und multidisziplinäre und deshalb schwierige) Diskussion anzureizen – und sei es auch zum Widerspruch.

Speyer, im März 1988

Hans Herbert von Arnim

Inhaltsverzeichnis

Abkürzungsverzeichnis

a.a.O.	=	am angeführten Ort
a. F.	=	alte Fassung
AfK	=	Archiv für Kommunalwissenschaften
Anm.	=	Anmerkung
AöR	=	Archiv des öffentlichen Rechts
Art.	=	Artikel
AS	=	Amtliche Sammlung
Aufl.	=	Auflage
Bay GO	=	Gemeindeordnung für den Freistaat Bayern
Bay Verf.	=	Verfassung des Freistaates Bayern
BBauBl.	=	Bundesbaublatt
BBkG	=	Bundesbankgesetz
Bd.	=	Band
BGH	=	Bundesgerichtshof
BGHZ	=	Entscheidungen des Bundesgerichtshofs in Zivilsachen
BHO	=	Bundeshaushaltsordnung
BK	=	Bonner Kommentar
BRHG	=	Bundesrechnungshofgesetz
BRRG	=	Beamtenrechtsrahmengesetz
BSG	=	Bundessozialgericht
BSGE	=	Entscheidungen des Bundessozialgerichts
BT-Drucks.	=	Bundestagsdrucksache
BVerfGE	=	Entscheidungen des Bundesverfassungsgerichts
BVerwG	=	Bundesverwaltungsgericht
bzw.	=	beziehungsweise
ders.	=	derselbe
DGO	=	Deutsche Gemeindeordnung
d. h.	=	das heißt
Diss. jur.	=	juristische Dissertation
DÖV	=	Die Öffentliche Verwaltung
DVBl.	=	Deutsches Verwaltungsblatt
eds.	=	editors (Herausgeber)
Entsch.	=	Entscheidung
Erl.	=	Erläuterung

ESVGH	=	Entscheidungssammlung des Verwaltungsgerichtshofs Baden-Württemberg
etc.	=	et cetera
f.	=	folgende (Seite)
ff.	=	folgende (Seiten)
Fn.	=	Fußnote
FS	=	Festschrift
GemO RP	=	Gemeindeordnung für Rheinland-Pfalz vom 14. 12. 1973
GG	=	Grundgesetz
GO BW	=	Gemeindeordnung für Baden-Württemberg
GO NW	=	Gemeindeordnung für das Land Nordrhein-Westfalen
GO RP a. F.	=	Gemeindeordnung für Rheinland-Pfalz (alte Fassung)
GO SH	=	Gemeindeordnung für Schleswig-Holstein
Hbbd.	=	Halbband
HdF	=	Handbuch der Finanzwissenschaft
Hg.	=	Herausgeber
HGO	=	Hessische Gemeindeordnung
HGrG	=	Haushaltsgrundsätzegesetz
ieS	=	im engeren Sinn
insbes.	=	insbesondere
iS	=	im Sinne
iSd	=	im Sinne des
iwS	=	im weiteren Sinne
JZ	=	Juristenzeitung
KSVG Sa	=	Kommunalselbstverwaltungsgesetz des Saarlandes
LHO	=	Landeshaushaltsordnung
LVwVfG	=	Landesverwaltungsverfahrensgesetz
m. E.	=	meines Erachtens
mwN	=	mit weiteren Nachweisen
NF	=	Neue Folge
NGO	=	Niedersächsische Gemeindeordnung
NJW	=	Neue Juristische Wochenschrift
Nr.	=	Nummer
NVwZ	=	Neue Zeitschrift für Verwaltungsrecht
OVG	=	Oberverwaltungsgericht
RHO	=	Reichshaushaltsordnung
Rn.	=	Randnummer
sog.	=	sogenannte
StabG	=	Gesetz zur Förderung der Stabilität und des Wachstums der Wirtschaft
StGH BW	=	Staatsgerichtshof Baden-Württemberg

u. a.	=	unter anderem
u. E.	=	unseres Erachtens
usw.	=	und so weiter
VBlBW	=	Verwaltungsblätter für Baden-Württemberg
VerfGH	=	Verfassungsgerichtshof
VerwArch	=	Verwaltungsarchiv
VGH	=	Verwaltungsgerichtshof
vgl.	=	vergleiche
VVDStRL	=	Veröffentlichungen der Vereinigung der Deutschen Staatsrechtslehrer
VwGO	=	Verwaltungsgerichtsordnung
z. B.	=	zum Beispiel
ZHR	=	Zeitschrift für das gesamte Handelsrecht und Wirtschaftsrecht
Ziff.	=	Ziffer
ZParl	=	Zeitschrift für Parlamentsfragen

I. Einführung

Die Probleme des Wirtschaftlichkeitsprinzips in Staat und Verwaltung liegen im Schnittpunkt mehrerer wissenschaftlicher Disziplinen: Das Wirtschaftlichkeitsprinzip ist zunächst einmal Gegenstand derjenigen Disziplin, die möglichst gutes Wirtschaften zum Thema hat, der *Wirtschaftswissenschaft*[1]. Da das Wirtschaftlichkeitsprinzip heute ein bindendes Rechtsprinzip ist, müssen auch die *Rechtswissenschaft* und in der Praxis die Rechtsprechung, die Rechtsaufsicht und vor allem die Rechnungshöfe und die kommunalen Einrichtungen der Finanzkontrolle sich mit dem Wirtschaftlichkeitsprinzip befassen. Das Interesse der *Verwaltungswissenschaft* erklärt sich ohne weiteres daraus, daß das Wirtschaftlichkeitsprinzip seit langem als Maßstab für die Verwaltung anerkannt ist. Vergegenwärtigt man sich schließlich, daß Wirtschaftlichkeit nur ein Synonym für ökonomische Rationalität darstellt, so wird deutlich, daß das Wirtschaftlichkeitsprinzip auch für die *Wissenschaft von der rationalen* (Finanz-, Steuer-, Wirtschafts- und sonstigen) *Politik* Relevanz besitzt. Schon diese, vielleicht gar nicht vollständige Aufzählung zeigt, daß das Wirtschaftlichkeitsprinzip ein ausgesprochen *fächerübergreifendes* Thema darstellt. Das erhöht die Schwierigkeiten, aber auch den Reiz der Behandlung.

Dennoch sind das Wirtschaftlichkeitsprinzip, sein genauer Inhalt, die Anforderungen, die es stellt, seine Struktur und seine rechtliche Bedeutung bisher noch nicht voll erschlossen[2]. Man könnte es, ohne allzu stark zu übertreiben, sogar eine terra incognita nennen. Die mangelhafte Erschließung hängt damit zusammen, daß das Wirtschaftlichkeitsprinzip lange von der Verwaltungswissenschaft und der Rechtswissenschaft höchst stiefmütterlich

---

[1] Da jede der vier in diesem Absatz genannten Disziplinen wiederum mehrere Bereiche umfaßt, könnte man jeweils auch den Plural verwenden, also von Wirtschaftswissenschaf*ten*, Rechtswissenschaf*ten* etc. sprechen. Wir ziehen hier gleichwohl den Singular vor, weil wir die jeweilige Disziplin als einheitlichen Typ ansprechen.

[2] Symptomatisch *Schuppert*, Die Steuerung des Verwaltungshandelns durch Haushaltsrecht und Haushaltskontrolle, VVDStRL 42, 216 (259): „Über den Inhalt der Maßstäbe der Wirtschaftlichkeit und der Sparsamkeit ... in der einschlägigen Literatur Genaues und Verläßliches zu erfahren, ist ein schwieriges Unterfangen." Vgl. auch *Eichhorn*, Verwaltungshandeln und Verwaltungskosten, 1979, 11, 13: „Der Ökonom stellt ... immer wieder fest, mit welcher Gründlichkeit vermieden wird, die Einzelheiten eines wirtschaftlichen Gesetzesvollzugs anzusprechen. ... Bisher wurde versäumt, entsprechende Standards vorzugeben oder sich über angemessene Konventionen zu verständigen." *Sigg*, Tasks, Organization and Current Problems of Financial Control in the Federal Republic of Germany, in: Kaufmann / Majone / Ostrom (eds.), Guidance, Control, and Evaluation in the Public Sector, 1986, 720 (723): „The standards of efficiency and economy have still not been sufficiently clarified."

behandelt wurde. Das wirkt auch heute noch nach. Aufschlußreich sind die Gründe.

Die von *Klaus König* diagnostizierte „Vernachlässigung der ökonomischen Dimension öffentlichen Verwaltens durch die *Verwaltungswissenschaft*"[3] dürfte vor allem mit deren ausgeprägter Wirtschaftsferne zusammenhängen[4]. Seitdem aber neben die ursprünglich in der Bundesrepublik dominierenden juristisch ausgebildeten Verwaltungswissenschaftler auch ökonomisch ausgebildete getreten sind, findet das Wirtschaftlichkeitsprinzip erhöhte Aufmerksamkeit.

Die Reserve der *Rechtswissenschaft* gegenüber dem Wirtschaftlichkeitsprinzip hat vor allem historische Gründe, die heute zwar weggefallen sind, aber noch nachwirken:

– Das klassische Verwaltungsrecht ist entstanden als Mittel zur Disziplinierung des Staates bei Eingriffen in die Sphäre des Bürgers, in seine Freiheit und in sein Eigentum. „Recht" war gleichbedeutend mit „Außenrecht". Das Prinzip der Wirtschaftlichkeit war dagegen eine Leitlinie für die rationale Gestaltung des staatlichen Innenbereichs. Da es nicht die Grenzlinie zwischen Staat und Gesellschaft betraf, auf die der Rechtsbegriff sich allein bezog, hatte das Wirtschaftlichkeitsprinzip ursprünglich nicht den Charakter eines Rechtsprinzips[5].

– Das Wirtschaftlichkeitsprinzip verlangt Zweckmäßigkeitserwägungen. Das überkommene öffentliche Recht geht jedoch von der strikten Trennung von Rechtmäßigkeit und Zweckmäßigkeit aus; die methodischen Wurzeln dieser Trennung liegen im Rechtspositivismus, die staatsrechtlichen Wurzeln im deutschen Konstitutionalismus des 19. Jahrhunderts. Das „Dogma von der außerrechtlichen Natur des Zweckmäßigen"[6] mußte das Wirtschaftlichkeitsprinzip beinahe zwangsläufig dem Blick der Rechtswissenschaft und des Juristen entziehen.

– Die Interpretationsmethodik der Rechtswissenschaft wurde lange von Begriffsjurisprudenz und Positivismus beherrscht. Finale, d. h. zweckorientierte, Erwägungen wurden verdrängt. Es ging um Subsumtion, nicht um (vom

---

[3] *Klaus König,* Erkenntnisinteressen der Verwaltungswissenschaft, 1970, 155 (Hervorh. nicht im Original).

[4] Das war nicht immer so. Erinnert sei daran, daß *Lorenz v. Stein* Verfasser eines Lehrbuches der Volkswirtschaftslehre (Wien 1858) war; er sah eine Aufgabe der „National-Oekonomie" darin, „die Grundlage der Rechtswissenschaft zu werden" (Vorwort zur Volkswirtschaftslehre, a.a.O., S. VI).

[5] *König,* Erkenntnisinteressen, 157, weist darauf hin, „daß der Begriff der Wirtschaftlichkeit eben nicht an jener Linie der Intervention des Staates in die Gesellschaft lag, an der die tradierte Verwaltungsrechtslehre ihre Rechtssystematik anzulegen pflegte."

[6] *Lohmann,* Die Zweckmäßigkeit der Ermessensausübung als verwaltungsrechtliches Rechtsprinzip, 1972, 16.

ökonomischen Rationalprinzip bestimmte) Optimierung. Auch aus diesem Grunde war der Blick der Rechtswissenschaft auf das Wirtschaftlichkeitsprinzip lange blockiert und tabuisiert.

All diese Gründe sind heute entfallen:

– Recht beschränkt sich nicht mehr auf die Rechtsbeziehung an der Grenze zwischen Staat und Gesellschaft. Neben dem „Außenrecht" ist heute auch die Existenz staatlichen „Innenrechts" anerkannt. Das Wirtschaftlichkeitsprinzip *ist* Rechtsprinzip.

– Das überkommene Dogma von der außerrechtlichen Natur des Zweckmäßigen und von der Beschränkung der rechtswissenschaftlichen Auslegung auf Subsumtion läßt sich nicht mehr aufrechterhalten, nachdem in weiten Bereichen von Staat und Verwaltung Zweckmäßigkeitserwägungen von Rechts wegen vorgeschrieben sind. Als Stichworte seien genannt: das Übermaßverbot als Begrenzung von Eingriffen in Grundrechte und die Existenz finalprogrammierender planungsrechtlicher Normen, z. B. im Bau- und im Raumordnungsrecht, die nur mittels Optimierung ausgelegt werden können.

Mögen auch die historischen Gründe für die juristische Vernachlässigung der ökonomischen Dimension heute ihre Berechtigung verloren haben, so prägen sie doch immer noch das Vorverständnis der Rechtswissenschaft bis zu einem gewissen Grad. Immerhin sind neuerdings einige wichtige einschlägige rechtswissenschaftliche Beiträge entstanden[7].

Die Vernachlässigung des Wirtschaftlichkeitsprinzips dürfte aber auch damit zusammenhängen, daß kaum jemand in der politischen und administrativen Praxis wirklich ein Interesse an der Durchsetzung von Wirtschaftlichkeit hat. Wiederholt ist aufgezeigt worden, daß die Einhaltung des Wirtschaftlichkeitsprinzips an vielen Stellen Not leidet. Dafür lassen sich bestimme strukturelle Gründe ausmachen. Die gleichen Gründe führen aber auch dazu, daß es bereits am Interesse fehlt, überhaupt zu ermitteln, was das Wirtschaftlichkeitsprinzip eigentlich verlangt.

Ein vitales institutionelles Interesse an der Klärung, Entwicklung und Entfaltung des Wirtschaftlichkeitsprinzips besitzen dagegen die Rechnungshöfe[8] (oder sollten es doch besitzen), deren vielleicht wichtigsten Kontrollmaßstab das Wirtschaftlichkeitsprinzip darstellt. Dennoch hat man auch in den Rechnungshöfen insoweit lange von der Hand in den Mund gelebt[9]. Wichtige

---

[7] Besonders *Walter Krebs*, Kontrolle in staatlichen Entscheidungsprozessen, 1984.

[8] Gleiches dürfte für die Finanzministerien, die Einrichtungen der kommunalen Finanzkontrolle und die Haushalts- und Rechnungsprüfungsausschüsse der Parlamente gelten.

[9] Sehr kritisch hierzu *Greifeld*, Der Rechnungshof als Wirtschaftlichkeitsprüfer, 1981, 4 ff. Das seit 1982 von *Heuer, Dommach* und anderen Mitgliedern des Bundesrechnungshofs bearbeitete „Handbuch der Finanzkontrolle" hat allerdings manche konzeptionelle Klärung gebracht.

Grundfragen des Wirtschaftlichkeitsgebots sind nach wie vor ungeklärt. Es entfaltet nicht die Kontrollintensität, die es entfalten könnte. Im folgenden soll einigen offenen Rechtsfragen, die sich im Zusammenhang mit dem Wirtschaftlichkeitsprinzip stellen, nachgegangen und versucht werden, sie einer Klärung näherzubringen.

Eine solche Arbeit erscheint auch durch die äußere Befindlichkeit des Staates und der Verwaltung angezeigt. Sollen die Leistungen des Staates bei knapper werdenden Ressourcen nicht (oder nicht allzu sehr) nachlassen, so müssen mögliche Chancen, den Grad der Wirtschaftlichkeit staatlichen Handelns zu verbessern, um so nachdrücklicher genutzt werden. Das Prinzip der Wirtschaftlichkeit und die Hemmnisse, die sich seiner Verwirklichung entgegenstellen, erhalten deshalb in Gegenwart und absehbarer Zukunft gesteigertes Gewicht. Erste Voraussetzung dafür ist eine Vergewisserung über Inhalt, Struktur und rechtliche Bedeutung des Wirtschaftlichkeitsprinzips.

Im Laufe der Untersuchung werden sich, um einige Beispiele zu nennen, u. a. folgende Fragen stellen:

1. Erschöpft sich das Wirtschaftlichkeitsprinzip im Maximal- und Minimalprinzip oder verlangt es darüber hinaus, diejenige alternative Maßnahme zu wählen, bei der die positive Differenz zwischen Nutzen und Kosten (oder der Quotient aus Nutzen und Kosten?) möglichst groß ist?

2. Stimmt der rechtswissenschaftliche Begriff der Wirtschaftlichkeit mit dem Wirtschaftlichkeitsbegriff der Wirtschaftswissenschaft überein?

3. Welche Struktur hat das Wirtschaftlichkeitsprinzip? Erlaubt es die Bestimmung eindeutig richtiger Entscheidungen? Was bedeutet seine Charakterisierung als bloße „Methode", als „Optimierungsgebot", als „offenes Prinzip", als „Formalprinzip"? Was ist demgegenüber unter dem Wirtschaftlichkeitsprinzip als „materialem Prinzip" zu verstehen?

4. In welchem Verhältnis steht „Wirtschaftlichkeit" zu verwandten Begriffen (z. B. Effizienz, Rationalität, Sparsamkeit, Effektivität, Subsidiarität, Übermaßverbot, Zweckmäßigkeit, Gemeinwohl)?

5. Besteht ein Unterschied zwischen dem Wirtschaftlichkeitsprinzip als Handlungsnorm und als Kontrollnorm?

6. Ist das Wirtschaftlichkeitsgebot ein Verfassungsprinzip, das auch den parlamentarischen Gesetzgeber bindet?

7. Besondere Probleme ergeben sich im föderativen Staat mit kommunaler Selbstverwaltung: Darf eine Verwaltungsebene die Wirtschaftlichkeitsberechnung nur auf ihre Belange beziehen und die Folgen für andere Verwaltungsebenen ausklammern oder muß sie auch eine Saldierung mit den positiven und negativen Folgen für andere vornehmen?

8. Welche Ziele und Belange sind in die Wirtschaftlichkeitsbeurteilung einzubeziehen, etwa auch die Interessen der Verwaltungsangehörigen, nicht durch strafferen Arbeitsablauf persönlich stärker gefordert zu werden?

9. In welchem Verhältnis steht das Wirtschaftlichkeitsprinzip zu anderen das Verwaltungshandeln steuernden Rechtsnormen?

10. Wirkt sich das Gebot der Wirtschaftlichkeit als Bestandteil staatlichen Innenrechts auch auf Außenbeziehungen zu Dritten aus?

11. Was bedeutet die Charakterisierung des Wirtschaftlichkeitsprinzips als objektives Rechtsgebot für die Möglichkeit der gerichtlichen Kontrolle?

12. Gilt für die Wirtschaftlichkeitskontrolle durch die Rechnungshöfe ähnliches wie für die Rechtskontrolle durch die Gerichte, ist insbes. das judicial-restraint-Gebot auf die Rechnungshofkontrolle übertragbar iS eines Rechnungshof-restraint?

13. Inwieweit unterliegen auch politische Entscheidungen der Überprüfung durch die Rechnungshöfe?

14. Ist die Rechnungshof-Kontrolle politischer Entscheidungen mit dem verfassungsrechtlichen Demokratie- und Rechtsstaatsprinzip vereinbar?

II. Rechtliche Verankerung des Wirtschaftlichkeitsprinzips

Die einschlägigen Rechtsgrundlagen sind durch die Haushaltsrechtsreform (1969 für den Bund, Anfang der 70er Jahre für die Länder, Mitte der 70er Jahre für die Kommunen) neu konzipiert worden.

Das Wirtschaftlichkeitsprinzip ist in einer Vielzahl spezifischer Regelungen auf allen *Ebenen der Normenpyramide* verankert:

- im Verfassungsrecht (z. B. Art. 114 II 1 GG: „Der Bundesrechnungshof ... prüft ... die Wirtschaftlichkeit ... der Haushalts- und Wirtschaftsführung.")

- im Haushaltsgrundsätzegesetz (z. B. § 6 I HGrG: „Bei Aufstellung und Ausführung des Haushaltsplans sind die Grundsätze der Wirtschaftlichkeit und Sparsamkeit zu beachten.")

- im einfachen Gesetzesrecht (z. B. § 7 I BHO/LHO = gleichlautend mit § 6 I HGrG)

- in Rechtsverordnungen (z. B. in den kommunalen Haushaltsverordnungen der Bundesländer).

In Verwaltungsvorschriften, insbes. den Vorläufigen Verwaltungsvorschriften zu § 7 BHO, die nach herrschender Auffassung allerdings nicht zu den Rechtsnormen gehören, sind die Anforderungen des Wirtschaftlichkeitsprinzips näher konkretisiert.

Einschlägige Vorschriften finden sich auf allen *Ebenen des föderalistischen Staates* mit kommunaler Selbstverwaltung:

- im Bundesrecht (Art. 114 II GG, § 6 I HGrG, § 7 I BHO)

- im Landesrecht (Landesverfassungen, z. B. Art. 120 II Verfassung für Rheinland-Pfalz; § 7 I LHO)

- im Kommunalrecht (Gemeindeordnungen, z. B. § 77 II GO BW: „Die Haushaltswirtschaft ist sparsam und wirtschaftlich zu führen.") und

- in Vorschriften für Sonderbereiche (z. B. in den Rundfunkgesetzen bzw. Staatsverträgen über die Rundfunkanstalten).

III. Inhalt des Wirtschaftlichkeitsprinzips

Weder in §§ 6 I HGrG und 7 I BHO noch in sonst einer der genannten Rechtsnormen findet sich eine gesetzliche *Definition* dessen, was „Wirtschaftlichkeit" im Rechtssinne bedeutet. Eine solche Definition enthalten aber die Vorläufigen Verwaltungsvorschriften zu § 7 BHO (Nr. 1):

„Nach dem Grundsatz der Wirtschaftlichkeit ist bei allen Maßnahmen des Bundes einschließlich solcher organisatorischer oder verfahrensmäßiger Art die günstigste Relation zwischen dem verfolgten Zweck und den einzusetzenden Mitteln anzustreben. Die günstigste Zweck-Mittel-Relation besteht darin, daß entweder

– ein bestimmtes Ergebnis mit möglichst geringem Einsatz von Mitteln oder

– mit einem bestimmten Einsatz von Mitteln das bestmögliche Ergebnis

erzielt wird."

Danach hat das Wirtschaftlichkeitsprinzip zwei Bestandteile:

– Das Minimalprinzip und

– das Maximalprinzip[1].

Da das Wirtschaftlichkeitsprinzip verlangt, eine Zweck-Mittel-*Relation* zu *optimieren,* kann es nicht darum gehen, etwa die Mittel ohne Rücksicht auf das Ergebnis zu minimieren, das wäre ein falsch verstandenes Sparsamkeitsprinzip[2]; noch kann es darum gehen, das Ergebnis ohne Rücksicht auf die Mittel zu maximieren[3], das wäre ein falsch verstandenes Effektivitätsprinzip[4].

---

[1] In Lehrbüchern, auch in Standardwerken, findet sich häufig noch die logisch unzutreffende Formel, Wirtschaftlichkeit sei gegeben, wenn „mit dem geringstmöglichen Aufwand der bestmögliche Erfolg erzielt wird" (*Pagenkopf,* Kommunalrecht II, 1976, 295 f.; *Wolff / Bachof,* Verwaltungsrecht III, 4. Aufl., 1978, § 162, Rn. 26, S. 424). Ebenso noch die meisten Kommentare zu den einschlägigen Bestimmungen der Gemeindeordnungen, z. B. *v. Loebell,* Gemeindeordnung für das Land Nordrhein-Westfalen, Kommentar, 4. Aufl., Loseblatt, Stand März 1987, § 62, Erl. 6; *Kunze / Bronner / Katz,* Gemeindeordnung für Baden-Württemberg, Kommentar, 3. Aufl., Loseblatt, Stand September 1979, § 77, Erl. II 3 (noch nicht ganz korrekt auch in der 4. Aufl., Stand Januar 1987, § 77, Rn. 40); *Galette / v. Scheliha / Borchert / Bracker / Dehn,* Gemeindeordnung, Kreisordnung, Amtsordnung, Gesetz über kommunale Zusammenarbeit für Schleswig-Holstein, Kommentare, 2. Aufl., Loseblatt, Stand Oktober 1987, § 75, Erl. 4. – Klare Unterscheidung zwischen Minimalprinzip und Maximalprinzip aber bei *Lüersen / Neuffer,* Niedersächsische Gemeindeordnung, Kommentar, Loseblatt, Stand Februar 1987, § 82, Anm. 4.

[2] Dazu unten X 3.

[3] *Leisner,* Effizienz als Rechtsprinzip, 1971, 38 ff., spricht hier von „Zweckerreichungs-Effizienz".

[4] Dazu unten X 4.

1. Minimalprinzip

Negativ läßt sich das Minimalprinzip auch so formulieren: Unwirtschaftlichkeit liegt vor, wenn eine bestimmte Aufgabe „mit geringerem Personal- oder Sachaufwand erfüllt werden kann" (§ 90 Nr. 4 BHO/LHO).

Beispiele

Eine Organisationsprüfung des Rechnungshofs bei den drei Bezirksregierungen des Landes Rheinland-Pfalz ergab, daß von 769 in die Prüfung einbezogenen Stellen 110 ohne Beeinträchtigung der ordnungsgemäßen Aufgabenerfüllung entbehrlich waren.

Eine Überprüfung der Straßenneubaudienststellen – ebenfalls durch den Rechnungshof Rheinland-Pfalz – ergab, daß 320 Stellen entbehrlich waren[5].

Ein Grenzfall, der aber gleichfalls einen eindeutigen Verstoß gegen das Wirtschaftlichkeitsprinzip enthält, liegt vor, wenn überhaupt keine staatliche Aufgabe mehr erfüllt wird. Für eine überflüssige Stelle ist jeder Einsatz zu hoch.

Beispiele

Einen klassischen Fall berichtet Mendès-France in seinen Memoiren: Als er nach seiner Wahl zum französischen Ministerpräsidenten einen Rundgang durch sein Amt machte, traf er auf eine Abteilung, die sich mit der Abwicklung von Reparationen beschäftigte, die nicht etwa aus einem der beiden letzten Weltkriege herrührten, sondern aus dem deutsch-französischen Krieg von 1870/71[6].

In die gleiche Kategorie gehört das vom Bundesrechnungshof im Koblenzer Schloß entdeckte, in der Presse als „Schloßgespenst" bezeichnete Sekretariat eines Schiedsgerichtshofs, der 1953 aufgrund eines Abkommens zwischen der Bundesrepublik, den USA, Frankreich und Großbritannien gebildet worden war, aber seit Jahren mit Ausnahme der „Eigenverwaltung" keine Aufgaben mehr erfüllt[7].

2. Maximalprinzip

Unwirtschaftlichkeit im Sinne eines Verstoßes gegen das Maximalprinzip liegt dann vor, wenn eine Aufgabe mit gleichem Aufwand „wirksamer", d. h. ergiebiger, erfüllt werden kann (vgl. ebenfalls § 90 Nr. 4 BHO)[8].

Beispiel

Im Falle einer Umorganisation des Finanzamts könnten bei gleichem Personal- und Sacheinsatz mehr Steuererklärungen (ohne Minderung der Qualität) bearbeitet und der Rückstand abgebaut werden.

---

[5] Beide Beispiele nach *Schreiner*, Finanzkontrolle als Instrument rationaler Haushaltsführung, in: v. Arnim / Littmann (Hg.), Finanzpolitik im Umbruch, 1984, 223 (228).

[6] Beispiel nach *Albers*, Ziele und Bestimmungsgründe der Finanzpolitik, HdF, 3. Aufl., Bd. 1, 1977, 123 (151).

[7] Bemerkungen des Bundesrechnungshofs für 1980, Nr. 4, BT-Drucks. 9/2108; vgl. auch *Schreiner*, Finanzkontrolle, 228.

[8] In diesem Sinne versteht z. B. auch *Heuer*, § 90 BHO, Rn. 11 am Anfang, den Begriff „wirksam".

3. Weitere Anforderungen?

a) Ökonomischer und rechtlicher Wirtschaftlichkeitsbegriff

Es fragt sich, ob das Wirtschaftlichkeitsprinzip sich im Minimal- und im Maximalprinzip erschöpft oder ob es darüber hinausgeht, also weitere Anforderungen enthält. Bei Beantwortung dieser Frage ist zweierlei auseinanderzuhalten: die abstrakt-allgemeine begriffliche Bestimmung, die das Wirtschaftlichkeitsprinzip, besonders in der Volks- und Betriebswirtschaftslehre, gefunden hat, und die Frage seiner *rechtlichen* Geltung. Es ist ja durchaus denkbar, daß der rechtliche Begriff[9] hinter dem ökonomischen zurückbleibt (oder auch darüber hinausgeht). Die Unterscheidung zwischen ökonomischer Definition des Wirtschaftlichkeitsprinzips und seiner – möglicherweise abweichenden – rechtlichen Geltung ist für die Behandlung des Themas „Wirtschaftlichkeit als Rechtsprinzip" wichtig. Im folgenden soll zunächst der allgemeine Begriff des Wirtschaftlichkeitsprinzips behandelt werden; über die Frage der rechtlichen Geltung ist damit noch nichts ausgesagt.

b) Der weite ökonomische Wirtschaftlichkeitsbegriff

Der ökonomische Begriff der Wirtschaftlichkeit enthält noch weitere, über das Maximal- und das Minimalprinzip hinausgehende Anforderungen. Das kommt bei *Reinermann* sehr schön zum Ausdruck, wenn er hervorhebt, die Wirtschaftlichkeitskontrolle schließe vier Fragen ein:

1. Wäre mit dem betrieblichen Aufwand mehr zu erreichen gewesen?
2. Wäre das Erreichte auch mit weniger Aufwand erreichbar gewesen?
3. Sollte man eine Aktivität einschränken, also weniger Zwecke mit weniger Aufwand anstreben?
4. Sollte man eine Aktivität ausdehnen, also mehr Zwecke mit mehr Aufwand anstreben?[10]

Die Fragen 1 und 2 betreffen das Maximal- und das Minimalprinzip, unter 3 und 4 werden dagegen weitergehende Fragestellungen formuliert. Das Wirtschaftlichkeitsgebot umfaßt neben der Befolgung des Maximal- und des Minimalprinzips zusätzlich das Gebot, daß die *Differenz* zwischen Nutzen und

---

[9] Wenn wir hier von „dem" rechtlichen Begriff der Wirtschaftlichkeit im Singular sprechen, soll damit nicht gesagt sein, daß es zwangsläufig nur *einen* rechtlichen Begriff gebe. Es wäre z. B. denkbar, daß der haushaltsrechtliche Begriff der Wirtschaftlichkeit (§§ 7 I, 90 Ziff. 3 und 4 BHO) von dem verfassungsrechtlichen Begriff (Art. 114 II GG) abweicht.

[10] *Reinermann*, Messungsprobleme der Rechnungskontrolle, in: Letzelter / Reinermann (Hg.), Wissenschaft, Forschung und Rechnungshöfe. Wirtschaftlichkeit und ihre Kontrolle, 1981, 225 (230).

Kosten[11] maximiert wird (Differenzansatz). Daneben wird das Gebot der Wirtschaftlichkeit alternativ auch als Maximierung des *Quotienten* aus Nutzen und Kosten definiert (Quotientenansatz)[12]. Beide Ansätze führen dann zu gleichen Ergebnissen, wenn beim Vergleich zweier Alternativen entweder die Kosten oder die Nutzen gleich groß sind. Tatsächlich sind dies aber die ohnehin schon vom Maximal- und vom Minimalprinzip abgedeckten Fälle. Sie sind dadurch gekennzeichnet, daß man entweder von bestimmten Nutzen ausgeht und die Kosten minimiert oder von bestimmten Kosten ausgeht und die Nutzen maximiert. Die anderen – oben von den Fragen 3 und 4 umfaßten – zusätzlichen gedanklichen Operationen sind dadurch gekennzeichnet, daß man alle möglichen (oder doch praktisch relevanten) Abstufungen von Nutzen (mit jeweils minimierten Kosten) und Abstufungen von Kosten (mit jeweils maximierten Nutzen) ermittelt und miteinander vergleicht. Bei diesem Vergleich ist es nun durchaus möglich, daß der Differenz- und der Quotientenansatz zu unterschiedlichen Ergebnissen führen. An dieser Stelle muß man sich deshalb darüber Rechenschaft geben, ob es bei Ermittlung der Wirtschaftlichkeit letztlich auf den Differenz- oder den Quotientenansatz ankommen soll[13]. Da es darum geht, daß die Nutzen in möglichst großem Umfang überwiegen, ist der Differenzansatz der primäre – vorausgesetzt natürlich, daß er überhaupt anwendbar ist. Der Differenzansatz kann nur angewendet werden, wenn Nutzen und Kosten die gleiche Dimension, insbesondere wenn beide die Dimension „Geld" haben (oder auf die gleiche Dimension gebracht werden können). Der Quotientenansatz kann dagegen auch bei unterschiedlicher Dimension angewendet werden[14]. Zu einer Divergenz zwischen Differenz- und Quotien-

---

[11] Der *Begriff „Kosten"* wird hier als umfassender Terminus zur Kennzeichnung der aufgewendeten Mittel verwendet, der auch gesellschaftliche Kosten umfassen kann (unten XVI 1). Er ist zu trennen von dem Begriff *„Ausgaben"*. Es gibt einerseits Kosten, denen keine Ausgaben gegenüberstehen (z. B. Abschreibungen), andererseits Ausgaben, die keine Kosten, d. h. keinen Werteverzehr, darstellen, sondern lediglich eine Transformation von Geldmitteln in Sachmittel (z. B. die Anschaffung von Anlagegütern). Hierzu *Eichhorn*, Verwaltungshandeln und Verwaltungskosten, 1979, 28. – Dem Begriff „Kosten" steht der ebenso umfassende (im Singular und im Plural gebrauchte) Begriff „Nutzen" gegenüber, mit dem die erreichten Zwecke gekennzeichnet werden. – Die Begriffe *„Ertrag"* und *„Aufwand"* werden wegen ihrer anderweitigen Verwendung in der Betriebswirtschaftslehre hier nicht gebraucht.

[12] Zur Frage, wann der *Quotient* und wann die *Differenz* von Zwecken und Mitteln die richtige Meßzahl für die Wirtschaftlichkeit abgeben: *Reinermann*, Wirtschaftlichkeitsanalysen (1974), in: Handbuch der Verwaltung, Heft 4.6, 2 - 4 mit Fn. 11.

[13] In den Vorläufigen Verwaltungsvorschriften zu § 7 BHO ist von der Herstellung der günstigsten *Relation* von Zweck und Mittel die Rede. Darin liegt – auch rechtlich, wenn man denn hinsichtlich der weiteren Anforderungen überhaupt eine rechtliche Bindung anerkennt (dazu unter 5) – noch keine zwingende Festlegung auf den Differenz- oder den Quotientenansatz.

[14] Vgl. auch *Reinermann*, Wirtschaftlichkeitsanalysen, 2 f.; *ders.*, Messungsprobleme der Rechnungskontrolle, 234; *Büch*, Zur Bestimmung der Grundsätze der Wirtschaftlichkeit und der Sparsamkeit im öffentlichen Haushalt der Bundesrepublik Deutschland, 1975, 38 f.

tenansatz kann es kommen, wenn zwei sich gegenseitig ausschließende Maßnahmen zur Diskussion stehen, von denen die eine einen höheren Nutzen
erbringt und höhere Kosten verlangt als die andere[15]. In diesem Fall muß primär geprüft werden, bei welcher Alternative die Differenz zwischen Nutzen
und Kosten am größten ist. Man kann dies auch dadurch tun, daß man die
Mehrkosten der einen Alternative A mit ihrem Mehrnutzen vergleicht[16]. Ist
der Differenzansatz aber mangels gleicher Dimension nicht anwendbar und
läßt sich die gleiche Dimension auch nicht herstellen, dann kommt nur die
Ermittlung des Maximalquotienten in Betracht.

4. Grafische Darstellung

Das Ganze läßt sich auch grafisch darstellen. In *Schaubild 1* sei auf der
Senkrechten der erzielte Nutzen, auf der Waagerechten seien die Kosten
abgetragen. Die Kurve m soll angeben, welche Kosten bei Anwendung des
bestmöglichen Verfahrens jeweils mindestens erforderlich sind, um bestimmte
Nutzeneinheiten herzustellen (Minimalprinzip) bzw. welchen maximalen Nutzen man jeweils mit bestimmten Kostengrößen erstellen kann (Maximalprinzip). Die Kurve m ist also die Maximalkurve und die Minimalkurve zugleich.
Wird z. B. in der Ausgangssituation mit Kosten von 8 ein Nutzen von 3 produ-
ziert (Punkt A), so läßt sich das Ergebnis noch verbessern: entweder dadurch,
daß mit den gleichen Kosten ein höherer Nutzen erzielt wird, nämlich 9
(Punkt B), oder dadurch, daß die Kosten zur Erzielung des Nutzens von 3
gemindert werden auf zwei Kosteneinheiten (Punkt C). Das Zusammenfallen
der Maximalkurve mit der Minimalkurve macht besonders anschaulich: Einen
gegebenen Nutzen mit den geringstmöglichen Kosten produzieren und den
größtmöglichen Nutzen mit gegebenen Kosten produzieren stellen nur zwei
verschiedene Perspektiven des gleichen Problems dar.

Das Schaubild 1, das die Kombinationen von Kosten und Nutzen wieder-
gibt, bei denen Maximal- und Minimalprinzip erfüllt sind, sagt noch nichts
darüber aus, an welcher Stelle die *Differenz* zwischen Kosten und Nutzen
(oder hilfsweise der Quotient) *maximiert* wird. Die zur Ermittlung der maximalen Differenz erforderlichen Erwägungen sind grafisch in *Schaubild 2* wiedergegeben. m ist auch hier wie in Schaubild 1 die Maximal- bzw. Minimalkurve. Die Gerade q gibt die Punkte an, wo Kosten und Nutzen jeweils gleich
sind. Die maximale Differenz zwischen Nutzen und Kosten ergibt sich dort,
wo der senkrechte Abstand zwischen m und q am größten ist (Punkt D, wo mit
Kosten von x ein Nutzen von y erzielt wird).

---

[15] Maßnahme A erbringt einen Nutzen von 150 und erfordert Kosten von 90, die
alternative Maßnahme B erbringt einen Nutzen von 190 und erfordert Kosten von 120.

[16] *Büch*, Wirtschaftlichkeit, 38, 63.

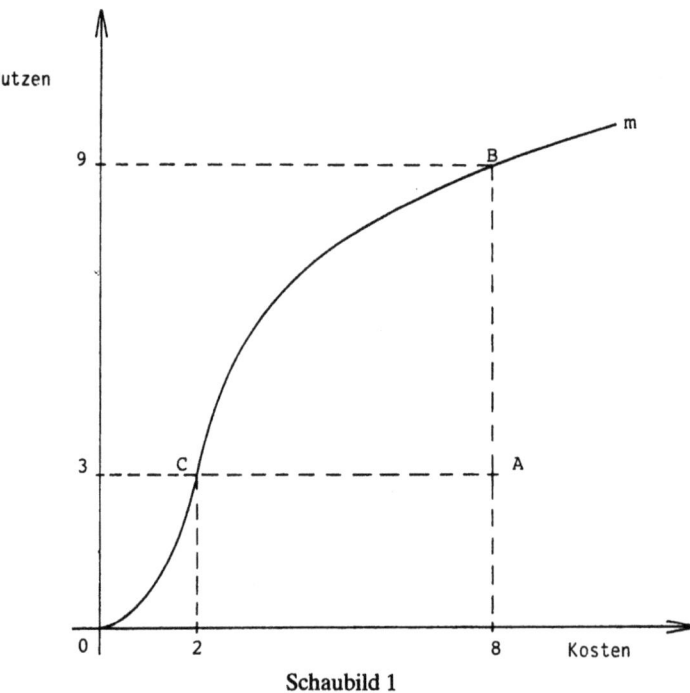

Schaubild 1

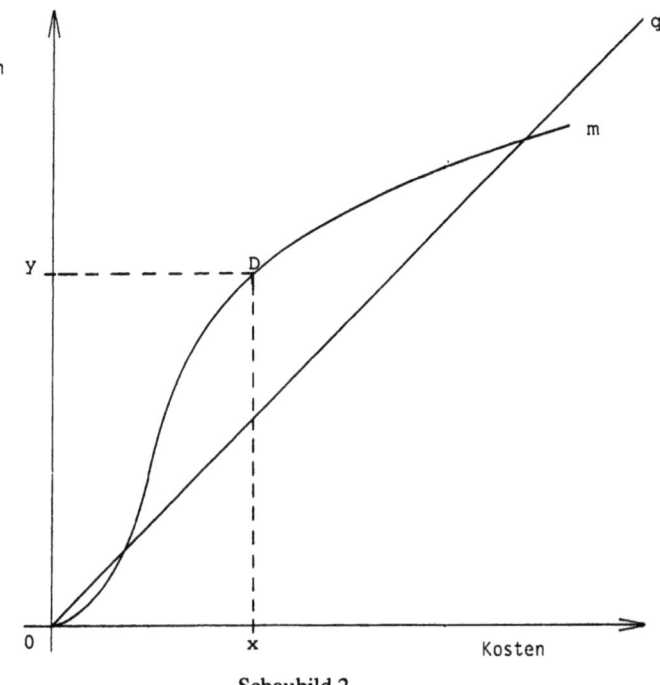

Schaubild 2

Muß man mangels Anwendbarkeit des Differenzansatzes vom *Quotienten-ansatz* ausgehen, so sind die erforderlichen gedanklichen Operationen in *Schaubild 3* wiedergegeben. Der Quotient aus Nutzen und Kosten ist dort am größten, wo die gerade Verbindung von Nullpunkt und m-Kurve am steilsten ist. Dies ist im vorliegenden Fall die Gerade, die die m-Kurve gerade berührt (Punkt Q).

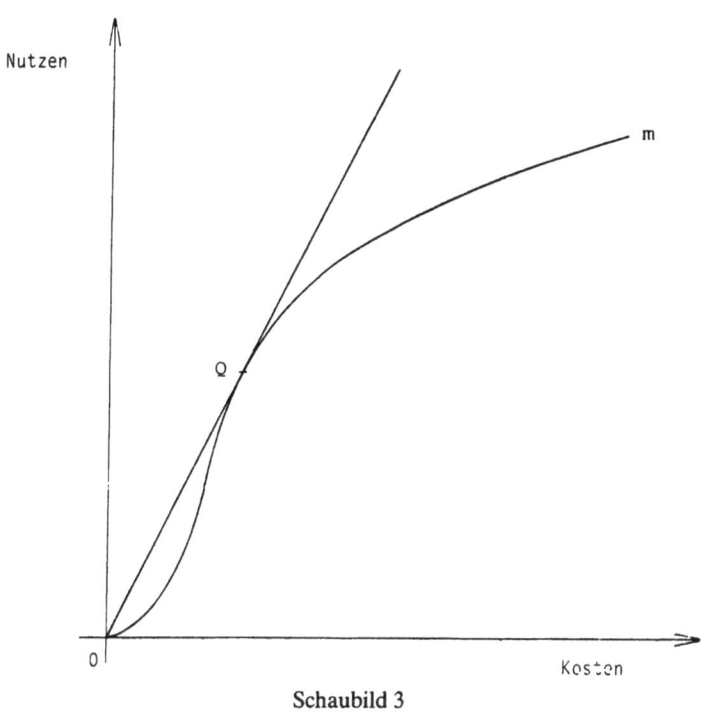

Schaubild 3

5. Rechtliche Geltung
des ökonomischen Wirtschaftlichkeitsbegriffs?

Der ökonomische Begriff braucht sich nicht unbedingt mit dem recht-lichen[17] zu decken (oben 3a). Für ein Zurückbleiben des Wirtschaftlichkeitsbe-griffs des § 7 I BHO scheinen zunächst die Vorläufigen Verwaltungsvorschrif-ten zu dieser Bestimmung[18] zu sprechen, nach denen sich das Wirtschaftlich-keitsprinzip in Minimal- und Maximalprinzip zu erschöpfen scheint[19]. Dann

---

[17] Dazu, daß es möglicherweise verschiedene rechtliche Begriffe der Wirtschaftlich-keit gibt, oben III Fn. 9. Hier geht es zunächst nur um den haushaltsrechtlichen Wirt-schaftlichkeitsbegriff i.S.d. § 7 I BHO.

[18] Oben III vor 1.

[19] So – wohl im Anschluß an die Vorläufigen Verwaltungsvorschriften zu § 7 BHO (Nr. 1) – z. B. *Eichhorn,* Verwaltungshandeln und Verwaltungskosten, 1979, 14 f.;

hätten die weiteren Forderungen (oben 3 und 4) keine rechtliche Relevanz. Andererseits gehen die Vorläufigen Verwaltungsvorschriften selbst davon aus, das Wirtschaftlichkeitsprinzip verlange die Herstellung der günstigsten Zweck-Mittel-Relation, und diese stellt eben noch weitere Anforderungen. Mit den Vorläufigen Verwaltungsvorschriften ließe sich eine weite Interpretation des Wirtschaftlichkeitsbegriffs des § 7 I BHO in Einklang bringen, wenn man die in den Verwaltungsvorschriften allein erwähnte Einhaltung des Minimal- *und* des Maximalprinzips nur als notwendige und wichtigste, aber nicht als hinreichende, erschöpfende Voraussetzung für die Beachtung des Wirtschaftlichkeitsprinzips auffaßte. In der Tat ist – jedenfalls vorläufig – kein Grund ersichtlich, warum der rechtliche Begriff hier hinter dem ökonomischen zurückbleiben sollte. Wir stellen die weite – mit der ökonomischen übereinstimmende – Interpretation des Wirtschaftlichkeitsbegriffs des § 7 I BHO deshalb hier zur Diskussion.

6. Der Haushaltsplan als Begrenzung

Die hier vertretene Auffassung, das rechtliche Wirtschaftlichkeitsprinzip erschöpfe sich nicht im Maximal- und im Minimalprinzip, sondern verlange zusätzlich die Bildung der maximalen Differenz (hilfsweise des maximalen Quotienten) von Nutzen und Kosten, findet natürlich ihre Begrenzung im positiven Recht[20]. Dazu gehört auch der Haushaltsplan, durch den aufgrund des Spezialitätsprinzips Ausgaben für jeweils ganz bestimmte Zwecke bewilligt werden. Regierung und Verwaltung sind (im Gegensatz zum Parlament als Haushaltsgeber) an den Haushaltsplan gebunden. Dies hat Bedeutung für einen Teilbereich der Wirtschaftlichkeitserwägungen:

a) Wie oben dargelegt, kann das Wirtschaftlichkeitsprinzip zur Maximierung des Saldos von Nutzen und Kosten auch verlangen, daß mehr Ausgaben für einen bestimmten Zweck verwendet werden, wenn damit ein um so größerer Nutzen zu erreichen ist. Hier begrenzt nun aber die Bindung der Exekutive an den Haushaltsplan die rechtlichen Möglichkeiten, dem Wirtschaftlichkeitsprinzip zu entsprechen. Die Verwaltung darf für einen bestimmten Zweck höchstens die im Haushaltsplan vorgesehenen Mittel verausgaben. Ein Mehr ist auch dann rechtlich unzulässig, wenn dadurch der positive Saldo erhöht werden könnte. Solchen Wirtschaftlichkeitserwägungen darf rechtlich nur entsprochen werden, soweit der Haushaltsplan Spielräume beläßt, z. B. durch

---

ders., Art. „Wirtschaftlichkeit", in: Eichhorn (Hg.), Verwaltungslexikon, 1985, S. 1050; ebenso *Greifeld,* Wirtschaftlichkeitsprüfer, 7 f., 16 ff. – Daß das rechtliche Wirtschaftlichkeitsprinzip der Haushaltsordnungen die Einhaltung jedenfalls des Maximalprinzips und des Minimalprinzips verlangt, wird anscheinend durchweg angenommen. Gleiches gilt meist auch für das verfassungsrechtliche Wirtschaftlichkeitsprinzip (vgl. z. B. *Maunz,* Art. 114 GG, Rn. 50 mwN; *Heuer,* Art. 114 GG, Rn. 66).

[20] Vgl. auch unten XVII.

Festlegung erweiterter Deckungsfähigkeit. Der Haushaltsplan als bindende Festlegung der für bestimmte Zwecke maximal verwendbaren Mittel (§§ 3 I HGrG, 3 I BHO/LHO) begrenzt also die Anwendbarkeit des Wirtschaftlichkeitsprinzips für die *Exekutive*. Für den Gesetzgeber, zu dessen Disposition der – durch Haushaltsgesetz festzustellende (Art. 110 II 1 GG) – Haushaltsplan (vorbehaltlich verfassungsrechtlicher Vorgaben) steht, gilt diese Einschränkung nicht. Darin liegt ein Grund dafür, daß § 7 I BHO/LHO auch den *Haushaltsgeber* an das Wirtschaftlichkeitsprinzip bindet (unten XIII).

b) Dagegen wird der umgekehrte Anwendungsfall des erweiterten Wirtschaftlichkeitsprinzips (Verausgabung von *weniger* Mitteln als für den Zweck bewilligt, weil dadurch der positive Saldo aus Nutzen und Kosten vergrößert werden kann) nicht durch den Haushaltsplan abgeschnitten. Der Haushaltsplan enthält nur eine Ermächtigung zur Verausgabung der bewilligten Mittel, keine Verpflichtung. Die Verausgabung steht vielmehr geradezu unter dem Vorbehalt der Wirtschaftlichkeit. Anderer Auffassung ist *Greifeld*, der sich generell gegen die Auffassung wendet, das rechtliche Wirtschaftlichkeitsprinzip verlange auch die Bildung der maximalen Differenz von Nutzen und Kosten[21]. Er sucht dies mit der Erwägung zu begründen, es sei nicht Sache einer Verwaltungsabteilung zu prüfen, ob eventuell ersparte Mittel in anderen Abteilungen größeren Nutzen stiften als in der eigenen. Das sei nicht Sache der Verwaltung, sondern des Haushaltsgebers, der mit der Zuweisung der Mittel für einen bestimmten Zweck bereits die Entscheidung über seine Vorzugswürdigkeit gegenüber anderen alternativen Mittelverwendungen getroffen habe[22]. Daraus zieht *Greifeld* den Schluß, die Verwaltung habe erst dann vorhandene Mittel einzusparen, „wenn keine Möglichkeit der Nutzenmehrung mehr besteht"[23].

Greifelds Feststellungen treffen insofern zu, als es (bei Ausführung des Haushaltsplans) nicht Sache der Verwaltung sein kann, jeweils eine Opportunitätskostenberechnung in bezug auf alle alternativen Möglichkeiten der Mittelverwendung anzustellen, zu ermitteln, wo die verwendeten Mittel jeweils den größten Nutzen stiften können und gegebenenfalls auf die eigene Verwendung der Mittel zugunsten ihrer anderweitigen Verwendung zu verzichten. Eine solche umfassende Analyse wäre in der Tat nicht ihres Amtes[24]. Diese Feststellungen, so richtig sie sind, sind jedoch nicht geeignet, das zu begründen, was *Greifeld* beweisen will, nämlich daß die im Haushaltsplan für einen

---

[21] *Greifeld*, Wirtschaftlichkeitsprüfer, 7 f., 16 ff.

[22] *Greifeld*, 17: „Es ist also nicht etwa Aufgabe des in der Verwaltung Wirtschaftenden, den Wert der Mittel über eine Opportunitätskostenbetrachtung dadurch zu bestimmen, daß die Dringlichkeit der besseren Erfüllung der zugewiesenen Zwecke mit der Dringlichkeit der Erfüllung anderer Zwecke verglichen wird."

[23] Mit „Nutzen" ist, wie sich auch aus dem Zusammenhang eindeutig ergibt, nicht etwa der positive Saldo aus Nutzen und Kosten, sondern allein der Nutzen gemeint.

[24] Vgl. auch unten XV.

bestimmten Zweck bewilligten Mittel, „erst wenn keine Möglichkeit der Nutzenmehrung mehr besteht", aus Gründen der Wirtschaftlichkeit gespart, d. h.
nicht verausgabt werden dürfen. *Greifelds* Ausführungen, die u. a. auf eine
Rechtfertigung des sog. Novemberfiebers hinauslaufen, sind insoweit nicht
schlüssig. Denn für den hier erforderlichen Vergleich, ob der durch die zusätzlich eingesetzten Mittel erreichte Mehrnutzen die Mehrkosten noch lohnt,
bedarf es keines hypothetischen Vergleichs mit der Mittelverwendung in anderen Verwaltungsabteilungen. Es geht nicht darum, die größtmögliche Differenz zwischen Nutzen und Kosten in allen möglichen Abteilungen zu finden.
Es geht vielmehr allein darum, die Differenz von Nutzen und Kosten in der
betrachteten Verwaltungsabteilung selbst zu maximieren. Und dies ist durchaus die Aufgabe einer jeden Verwaltungsabteilung. Jene Differenz wird aber
verringert, wenn zusätzliche Mittel für eine im Verhältnis zum Mitteleinsatz
geringe Steigerung des Nutzens verwendet werden, wenn der zusätzliche Mitteleinsatz, mag er auch vom Haushaltsgeber bewilligt sein, in Anbetracht des
damit erreichbaren geringen Mehrnutzens also nicht lohnt[25]. Entgegen *Greifeld* bedarf es somit über die Berücksichtigung des Minimal- und des Maximalprinzips hinaus zusätzlicher gedanklicher Operationen, will man dem Wirtschaftlichkeitsprinzip genügen.

7. Beispiele aus der Rechtsprechung

a) Folgender Fall war Gegenstand einer Entscheidung des *Verwaltungsgerichtshofs
Baden-Württemberg*[26]. In einem Bürgerbegehren wurde ein Bürgerentscheid über die
Frage verlangt, ob statt des bisherigen Busverkehrs ein Straßenbahnverkehr zwischen
der beklagten Stadt und einer Nachbarstadt eingerichtet werden solle. Die Zulässigkeit
eines solchen Begehrens setzt voraus, daß es „gesetzlich durchführbar" ist (§ 21 III 4
GO BW). Zu den gesetzlichen Bestimmungen zählt, wie der VGH betont, „auch der in
§ 77 II GO verankerte Grundsatz der Wirtschaftlichkeit und Sparsamkeit der kommunalen Haushaltswirtschaft", der „auch bereits für die in § 95 GO BW vorgeschriebene
Finanzplanung der Gemeinde" gilt[27].

Im vorliegenden Fall hätte allein die Herstellung der Straßenbahnlinie zusätzliche
Kosten in Höhe von 3,2 Mio. DM verursacht, ohne daß dadurch aber am Umfang der
Verkehrsbedienung etwas geändert worden wäre. Es hätte sich lediglich ein Mehr an
Komfort für die Fahrgäste und eine etwas geringere Umweltbelastung ergeben.

Bei der einen Alternative (Straßenbahn) war also einerseits der Aufwand an Geld
erheblich höher als bei der anderen (Bus), wobei die etwas geringere Umweltbelastung
nach Auffassung des VGH nicht nennenswert ins Gewicht fiel. Andererseits war aber

---

[25] Vgl. auch §§ 19 II HGrG und 34 BHO/LHO, die unter dem Titel „Ausführung des
Haushaltsplans" ausdrücklich bestimmen: „Ausgaben dürfen nur soweit und nicht eher
geleistet werden, als sie zur wirtschaftlichen und sparsamen Verwaltung erforderlich
sind."

[26] VGH Baden-Württemberg, 29. 11. 1982, VBlBW 1983, 313.

[27] VGH Baden-Württemberg, a.a.O.

auch der Nutzen der ersten Alternative etwas höher (Komfort). Der VGH gelangte zu
dem Ergebnis, die mit der Umstellung auf Straßenbahnverkehr verbundenen Mehrkosten ständen offensichtlich außer Verhältnis zu ihrem Nutzen. Auch bei Berücksichtigung des Bewertungsspielraums der Gemeinde, den das Verwaltungsgericht (und die
Rechtsaufsichtsbehörde) zu respektieren habe, habe sich die beabsichtigte Umstellung
als unwirtschaftlich und damit als rechtswidrig und unzulässig erwiesen. Jener Spielraum ergibt sich, wie der VGH hervorhob, daraus, daß „der Aufwand nur prognosti-
ziert werden kann und der Nutzen selten rechnerisch ermittelt, in der Regel aber nur
kommunalpolitisch bewertet werden kann" und ferner die Abwägung von Vorteilen
und Mehraufwand (= Mehrkosten) meist ebenfalls eine Bewertung erfordert[28].

Bei dieser Sachlage sei die Entscheidung der Gemeinde nicht zu beanstanden, daß
aus Gründen der Wirtschaftlichkeit der Einsatz finanzieller Mittel für die Herstellung
der angestrebten Straßenbahnlinie sachlich nicht mehr vertretbar sei und deshalb die
Durchführung des Kostendeckungsvorschlags im Bürgerbegehren der Verpflichtung
der Gemeinde zuwiderliefe, mit den ihr anvertrauten Mitteln sorgfältig umzugehen und
mit möglichst wenig Aufwand den größtmöglichen Nutzen zu erreichen[29].

b) Mehrere gerichtliche Entscheidungen befassen sich mit dem Grundsatz, daß Staat
und Kommunen Vermögensgegenstände in der Regel nur zu ihrem vollen Wert veräußern dürfen[30], wobei das Verhältnis dieses Grundsatzes zum Wirtschaftlichkeitsprinzip
noch nicht abschließend geklärt ist.

aa) Nach § 77 I 2 GO NW darf die Gemeinde Vermögensgegenstände in der Regel
nur zu ihrem vollen Wert veräußern. Nach Auffassung des *Oberverwaltungsgerichts
Münster*[31] verwirkliche sich in dieser Vorschrift zweierlei: Der Grundsatz, daß der Staat
kein Recht zu Geschenken hat, *und* der Grundsatz der Sparsamkeit und Wirtschaftlichkeit.

In Wahrheit dürfte auch das Schenkungsverbot sich aus dem umfassenden Grundsatz
der Wirtschaftlichkeit (einschließlich der Sparsamkeit) ergeben: Schenkungen sind
unwirtschaftlich, weil die Relation zwischen Nutzen und Kosten denkbar schlecht ist.

Im vorliegenden Fall hatte der Rat einer Gemeinde beschlossen, u. a. aus Gründen
der „Wohnungsbauförderung" Wohnbaugrundstücke, die bebaut und mit Erbbaurech-
ten belastet waren, an die Erbbauberechtigten zu Preisen zu veräußern, die erheblich
unter den Verkehrswerten lagen. Die Rechtsaufsichtsbehörde hatte den Ratsbeschluß
wegen Verstoßes gegen § 77 I 2 GO NW aufgehoben. Die dagegen gerichtete Klage der
Gemeinde blieb erfolglos.

bb) Zum Verhältnis des Grundsatzes der Wirtschaftlichkeit und des Grundsatzes,
daß Vermögensgegenstände „in der Regel nur zu ihrem vollen Wert veräußert werden"
dürfen (§ 79 I 2 GemO RP), hat sich auch das *Oberverwaltungsgericht Rheinland-Pfalz*
in einer neueren Entscheidung geäußert[32]. Das OVG sieht in § 79 I 2 GemO RP – u.E.
mit Recht – eine Konkretisierung des Wirtschaftlichkeitsgrundsatzes (worin es – im

---

[28] VGH Baden-Württemberg, a.a.O., 314.
[29] VGH Baden-Württemberg, a.a.O. – Dazu, daß die letzte Aussage logisch nicht
korrekt ist, oben III Fn. 1.
[30] Vgl. auch BGH, 30. 1. 1967, BGHZ 47, 30 (39 f.).
[31] OVG Münster, 5. 8. 1982, NJW 1983, 2517.
[32] OVG Rheinland-Pfalz, 18. 9. 1979, DVBl. 1980, 767.

Gegensatz zum OVG Münster – offenbar auch das Schenkungsverbot mitenthalten sieht). Die Kontrolldichte sei jedoch intensiver. Das OVG Rheinland-Pfalz hat dazu ausgeführt:

> Der allgemeine Grundsatz der Wirtschaftlichkeit sei dazu bestimmt, „einen äußeren Begrenzungsrahmen für den gemeindlichen Entfaltungs- und Gestaltungsspielraum (§ 2 I GemO) dahingehend zu bilden, solche Maßnahmen zu verhindern, die mit den Grundsätzen vernünftigen Wirtschaftens schlechthin unvereinbar sind. Das mit dieser Struktur des Tatbestands der Verletzung der Grundsätze der Wirtschaftlichkeit einhergehende Abwägungsgebot im Einzelfall gilt jedoch naturgemäß nicht in den Fällen, in denen die Gemeindeordnung konkrete Bestimmungen für die Wirtschaftstätigkeit der Gemeinden enthält; denn hier hat der Gesetzgeber bereits das Ergebnis des sonst durchzuführenden Abwägungsvorgangs vorweggenommen und normativ festgelegt.

> Eine solche Bestimmung bildet die ... Regelung des § 79 I 2 ... GemO .... Hiernach darf ein Vermögensgegenstand in der Regel nur zu seinem vollen Wert veräußert ... werden. Wie bereits aus dem Wortlaut der Bestimmung erhellt, darf von diesem Grundsatz nur ausnahmsweise abgewichen werden. Für den Umfang des Beanstandungsrechts des Bürgermeisters bedeutet dies, daß ein abweichender Stadtratsbeschluß nicht erst dann ausgesetzt werden kann, wenn er wirtschaftlich schlechterdings unvernünftig erscheint, sondern dies schon immer dann geboten ist, wenn für ein Abgehen vom Gebot des vollen Werterlöses keine durchschlagenden Gesichtspunkte streiten."[33]

Während das allgemeine Wirtschaftlichkeitsprinzip dem Ermessen der Gemeinde also nur eine äußerste Grenze setzt, kehrt § 79 I 2 GemO das Ausnahme-Regel-Verhältnis um. Ein Verstoß liegt bereits vor, „wenn für das Abgehen vom Gebot des vollen Werterlöses keine durchschlagenden Gesichtspunkte streiten."

c) Besonders eingehend wird der Wirtschaftlichkeitsgrundsatz in einer Entscheidung des *Bundessozialgerichts*[34] behandelt. Anlaß zu der Entscheidung hatte eine Krankenkasse gegeben, die für den jährlichen Betriebsausflug ihrer Mitarbeiter einen „Zuschuß zur Förderung der Betriebsgemeinschaft" in Höhe von 20 DM pro Person beschlossen hatte. Das zuständige Landesaufsichtsamt hatte die Krankenkasse verpflichtet, den Beschluß aufzuheben. Die dagegen erhobene Klage der Krankenkasse wurde vom Sozialgericht abgewiesen; in der Berufung wurde der Krankenkasse vom Landessozialgericht Recht gegeben. Das Bundessozialgericht hat die Auffassung der Aufsichtsbehörde und des Sozialgerichts bestätigt und die Revision für begründet erachtet. Das Gericht hat seine Entscheidung allein auf die Nichtbeachtung des § 69 II SGB IV gestützt. Im einzelnen führt das BSG aus:

> „Ein Versicherungsträger hat sicherzustellen, daß er die ihm obliegenden Aufgaben unter Berücksichtigung des Grundsatzes der Wirtschaftlichkeit und Sparsamkeit erfüllt. Bei diesem Grundsatz handelt es sich um ein *allgemeines Rechtsgebot,* dem alles öffentliche Verwaltungshandeln unterliegt und das in einzelnen haushaltsrechtlichen Bestimmungen, wie nunmehr auch in § 69 II SGB IV, seinen Niederschlag gefunden hat. ... Auch die Träger der Sozialversicherung unterlagen diesem Gebot bereits vor seiner gesetzlichen Normierung. ...

---

[33] OVG Rheinland-Pfalz, a.a.O., 768.

[34] BSGE 56, 197 (Entsch. v. 29. 2. 1984).

Der Inhalt des Gebots der Wirtschaftlichkeit läßt sich umschreiben im Sinne des *Maximalprinzips* – d. h. mit gegebenen Mitteln den größtmöglichen Nutzen zu erreichen – oder im Sinne des *Minimalprinzips* – d. h. einen bestimmten Zweck mit den geringstmöglichen Mitteln zu erreichen –. Das Sparsamkeitsgebot bleibt daneben ohne eigenständige Bedeutung. Die Begriffe beschreiben eine Mittel-Zweck-Relation mit dem Ziel, bei der Verwendung der Mittel das Maß des Notwendigen nicht zu überschreiten. ... Da die Krankenkassen im Rahmen ihrer Beitragsautonomie ihre Einnahmen im Verhältnis zu den Ausgaben anpassen können (§§ 384, 385, 387, 389 RVO), müssen sie aufgrund ihrer Treuhänderfunktion gegenüber ihren Mitgliedern ihre Verwaltungsaufgaben iS des Minimalprinzips mit dem geringstmöglichen Aufwand wahrnehmen. Die Pflicht zu sparsamer und wirtschaftlicher Führung des Haushalts umfaßt daher auch das Gebot, die Ausgaben auch dann auf das Notwendige zu beschränken, wenn der Haushaltsplan einen größeren Spielraum zuließe. Eine *sachgerechte Haushaltsführung* verlangt eine stetige Anpassung der Ausgaben an veränderte Umstände. ...

Dazu hat der Senat in seinem Urteil vom 26. 8. 1983 (BSGE 55, 277 mwN) bereits dargelegt, daß der unbestimmte Rechtsbegriff der Wirtschaftlichkeit für den Versicherungsträger einen Beurteilungsspielraum iS einer Einschätzungsprärogative beinhaltet. ... Auch für die Bestimmung der Grenzen dieses Einschätzungsspielraums hat der Senat bereits Kriterien aufgestellt. Danach darf der Versicherungsträger bei einer Leistung nicht über das Maß des Notwendigen hinausgehen, da dann mehr Aufwendungen erbracht würden, als es der Zweck der ordnungsgemäßen Erfüllung der Verwaltungsaufgaben erfordert. Ein inhaltliches Kriterium zur Beurteilung der Wirtschaftlichkeit ist dabei die *„Funktionsfähigkeit der Verwaltung".* Das bedeutet, daß Verwaltungsaufgaben diesem Zweck genügen müssen, aber nicht das Maß des Notwendigen überschreiten dürfen.

Im vorliegenden Fall wäre – an diesen Kriterien gemessen – der Zuschuß zur Förderung der Betriebsgemeinschaft nur wirtschaftlich, wenn er im Rahmen des Notwendigen die Funktionsfähigkeit der Verwaltung aufrechterhielte. Nur wenn ohne diese Sonderleistung der Versicherungsträger etwa keine sachgerechten geeigneten Arbeitsbedingungen zur Verfügung stellen könnte, um seine Verwaltung ordnungsgemäß aufrechtzuerhalten, wäre der Zuschuß am Maß des Notwendigen orientiert. Dies ist aber nicht der Fall.

Bei der Einschätzung dieser Umstände hat der Versicherungsträger die *Verhältnisse bei den übrigen öffentlichen Verwaltungsträgern* zu beachten:

Seit dem 1. 1. 1976 werden in der Bundesverwaltung und in der Verwaltung des Landes Baden-Württemberg – wie auch in anderen Länderverwaltungen – keine Zuschüsse zur Förderung der Betriebsgemeinschaft mehr gewährt. ...

Das Selbstverwaltungsrecht, auf das sich die Klägerin beruft, berechtigt die Versicherungsträger nicht, die Mittel unwirtschaftlich zu verwenden. Der Grundsatz der Wirtschaftlichkeit und Sparsamkeit und der Rücksichtnahme auf die Verhältnisse im übrigen öffentlichen Dienst bilden eine *Rechtsschranke für das Selbstverwaltungsrecht,* das nur im Rahmen der Gesetze besteht. ... Auch die Fürsorgepflicht des Dienstherrn seinen Bediensteten gegenüber berechtigt nicht zu Aufwendungen, die nicht notwendig sind. Die Möglichkeit oder gar die Verpflichtung öffentlich-rechtlicher Arbeitgeber, die Betriebsgemeinschaften mit anderen Mitteln zu fördern, wie sie sich auch im übrigen öffentlichen Dienst und insbesondere bei anderen Versicherungsträgern als erforderlich erwiesen haben, bleiben hiervon unberührt."[35]

Den Ausführungen des Bundessozialgerichts ist durchweg zuzustimmen. Wir werden auf die Entscheidung im jeweiligen Zusammenhang eingehen.

---

[35] BSGE 56, 197 (198 – 201). Hervorh. im Original.

IV. Wirtschaftlichkeit als Methode

Der Charakter des Wirtschaftlichkeitsprinzips wird besonders deutlich, wenn man sich klarmacht, daß es sich letztlich nur um die Anwendung einer bestimmten Methode handelt. Das Wirtschaftlichkeitsprinzip ist ein methodisches Prinzip, das Anleitungen gibt, welche Informationen man heranziehen und zwischen welchen Werten man abwägen muß, um zu möglichst richtigen Entscheidungen zu kommen. Das Wirtschaftlichkeits*gebot* schreibt die Anwendung dieses methodischen Prinzips beim Handeln (einschließlich der Handlungsvorbereitung) vor.

Formuliert man das Wirtschaftlichkeitsprinzip gegenüber dem soeben unter III dargestellten Ansatz etwas um (ohne daß sich dadurch sein Inhalt verändert), so verlangt es, allgemein formuliert, die in Betracht kommenden Entscheidungsalternativen aufzulisten, ihre voraussichtlichen Folgen zu ermitteln und zu bewerten und die relativ beste Alternative auszuwählen[1]. Erforderlich sind also Schätzurteile[2] (Ermittlung der voraussichtlichen Folgen der möglichen Alternativen) und Werturteile (Bewertung der Alternativen)[3]. Das Wirtschaftlichkeitsprinzip besagt, *daß* derart vorzugehen ist. Es besagt *nichts* darüber, *wie* die Schätzurteile zu gewinnen und *welche* Werte der Bewertung zugrunde zu legen sind. Hier zeigt sich die Offenheit des Prinzips[4]. Da die Essenz des Wirtschaftlichkeitsprinzips in der Abschätzung und Bewertung der Folgen der zur Wahl stehenden Entscheidungsalternativen besteht, kann man auch von einer *folgen*orientierten Entscheidungsmethode sprechen. Da es um die Eignung der Entscheidungsalternativen für die Erreichung von Zwecken unter Einbeziehung der möglichen negativen Auswirkungen auf andere Zwecke geht (ferner um die Abwägung der positiven und negativen Auswirkungen und schließlich um die Ermittlung derjenigen Alternative mit der größten positiven Differenz), kann man die vom Wirtschaftlichkeitsprinzip vorausgesetzte Entscheidungsmethode auch als *zielorientierte (= finale)* Entscheidungsmethode bezeichnen[5].

---

[1] Dazu eingehend *Gäfgen*, Theorie der wirtschaftlichen Entscheidung, 3. Aufl., 1974, 95 ff., 105 ff.

[2] Terminus nach *Giersch*, Allgemeine Wirtschaftspolitik, 1961, 23.

[3] Zur grundlegenden Unterscheidung zwischen Seinsurteilen (einschließlich der Schätzurteile) und Werturteilen statt aller: *Arnold Brecht*, Politische Theorie, 2. Aufl., 1976 mwN.

[4] Unten VI.

[5] Das Wirtschaftlichkeitsprinzip ist nicht nur anwendbar, wenn es um die möglichst sparsame bzw. möglichst weitgehende Realisierung *eines* Zweckes geht, also bei mono-

Die finale Entscheidungsmethode ist auch dann anzuwenden, wenn eine Rechtsnorm ganz bestimmte Ziele vorschreibt, die möglichst weitgehend zu normieren sind, wie dies besonders im Planungsrecht, aber auch im Verfassungsrecht verbreitet ist. Hier bleibt es dem Interpreten überlassen, den Weg zu finden, der zu einer möglichst umfassenden Realisierung der Ziele führt; wir bewegen uns im Anwendungsbereich der Optimierung.

Eine derartige „finale Programmierung" steht in idealtypischem Gegensatz zur „konditionalen Programmierung"[6]. Die konditionale Programmierung ist eine solche nach der Regel „wenn ... dann": Wenn die im Gesetz begrifflich umschriebenen Tatbestandsmerkmale in der Realität vorliegen, dann tritt die im Gesetz vorgesehene Rechtsfolge ohne weiteres, also insbesondere ohne Rücksicht auf die Folgen, ein. Die Auslegung solch konditional programmierender Normen erfolgt durch Subsumtion.

Die Subsumtion ist die typische *juristische Methode*. Der Rechtspositivismus hat in ihr sogar die *alleinige* juristische Methode gesehen und sie als Ausdruck *rechtswissenschaftlicher Rationalität* gefeiert. Ihre Anwendbarkeit setzt subsumtionsfähige Normen voraus. Die konditionale Programmierung und ihre Interpretation durch Subsumtion besitzen in der Tat beträchtliche Vorzüge vor der zielorientierten Optimierung: Sie schaffen typischerweise mehr Rechtssicherheit, weil sie die Entscheidungsfreiheit der Adressaten stärker einzuengen in der Lage sind. Das konditionale Programm sagt in der Regel verläßlicher, was Rechtens ist, und gibt dem Bürger damit eher die möglichst sichere Dispositionsgrundlage, deren er bedarf. Die durch konditionale Programmierung typischerweise bewirkte engere Bindung des Auslegers an das Gesetz fördert zugleich die Gleichbehandlung der Rechtsgenossen und darüber hinaus auch die demokratisch vermittelte Mitentscheidung der Bürger.

Trotz dieser Vorzüge, die gewiß nicht gering geschätzt werden dürfen, wäre es heute verfehlt, die Subsumtion als die alleinige juristische Methode zu verabsolutieren. Denn da die Anwendbarkeit der Subsumtion konditionale Programmierungen voraussetzt, kann sie bei den vielfach anzutreffenden finalen rechtlichen Programmierungen offensichtlich nicht in Betracht kommen oder jedenfalls nicht ausreichen[7]. (Im übrigen gibt es noch andere Grundwerte als Rechtssicherheit, Gleichheit und demokratische Mitwirkung, insbesondere

---

finaler Zwecksetzung, sondern auch bei multifinalen Zwecksetzungen. Unzutreffend *Greifeld*, Wirtschaftlichkeitsprüfer, 21, 24: „Wirtschaftlichkeitsdenken ... verträgt ... nur einen Zweck" und kommt deshalb für Bereiche, in denen „Wertkonflikte zu lösen sind", nicht in Betracht.

[6] Diese Begriffe hat *Niklas Luhmann* in die rechtswissenschaftliche Diskussion eingeführt. *Luhmann*, Lob der Routine, VerwArch 1964, 1, 8 ff.; *ders.*, Recht und Automation in der öffentlichen Verwaltung, 1966, 53 ff.; *ders.*, Rechtssoziologie, 1972, 227 ff.

[7] Vgl. statt vieler *Rudolf Steinberg*, Evaluation als neue Form der Kontrolle final programmierten Verwaltungshandelns, Der Staat 1976, 185 mwN.

individuelle Freiheit und Gerechtigkeit, die im Grenzfall der offensichtlichen Verletzung auch einmal eine Abweichung vom Konditionalprogramm rechtfertigen können[8].)

Die genannten Vorzüge der konditionalen Programmierung erklären aber, warum bei Kollision der Ergebnisse von konditionalen und von finalen Methoden den Ergebnissen der konditionalen Methode *grundsätzlich* der Vorrang gebührt. Hier zeigt sich, daß die Entscheidung für den Vorrang der Subsumtion selbst Ergebnis und Ausdruck einer auf die Grundwerte bezogenen Optimierung ist. Man kann insoweit von *Optimierung im weiteren Sinne* sprechen[9].

---

[8] *v. Arnim*, Staatslehre, 224 ff.
[9] *v. Arnim*, Staatslehre, 226.

3*

V. Wirtschaftlichkeit als Optimierungsgebot

In der rechtsmethodischen Literatur wird zwischen Rechtsregeln und Rechtsprinzipien unterschieden. Rechtsregeln sind dadurch charakterisiert, daß sie nur entweder erfüllt oder nicht erfüllt werden können, während Rechtsprinzipien in unterschiedlichem Grade erfüllt werden können[1]. Was Rechtsregeln gebieten, ergibt sich aus Wenn-dann-Sätzen, die mittels der Methodik der Subsumtion auszulegen sind; was Rechtsprinzipien verlangen, ist im Wege der Optimierung zu ermitteln, ja, das Wesen von Prinzipien besteht geradezu darin, daß sie Optimierungsgebote darstellen[2].

So sind z. B. Gerechtigkeit, Rechtssicherheit und Freiheit Rechtsprinzipien in diesem Sinne. Sie stehen für bestimmte Werte. Gleiches gilt für Grundrechte[3]. Bei Kollision eines Rechtsprinzips mit anderen Rechtsprinzipien (die ebenfalls für bestimmte Werte stehen) geht es darum, die Rechtsprinzipien möglichst weitgehend zu erfüllen. Es ist eben eine „Optimierung" vorzunehmen.

Auf den ersten Blick ist man versucht, auch das Wirtschaftlichkeitsprinzip den Rechtsprinzipien in diesem Sinne zuzuordnen. Schaut man genauer hin, so ergeben sich aber Zweifel: Das Wirtschaftlichkeitsprinzip ist nicht Gegenstand der Optimierung, sondern es verlangt Optimierung. Die optimale Lösung *ist* die wirtschaftliche. Das Gebot der Wirtschaftlichkeit steht selbst nicht für einen eigenen Wert[4], sondern es besagt, daß die auf dem Spiel stehenden Werte möglichst weitgehend verwirklicht, eben optimiert werden müssen. Das Wirtschaftlichkeitsgebot ist insofern nur ein *formales,* ein methodisches, inhaltlich offenes „Prinzip". Es sagt nur, daß, nicht *was* möglichst weitgehend realisiert werden soll[5]. Es bedarf erst der Aufladung durch inhaltliche Werte[6].

Daraus folgt: Das Gebot der Wirtschaftlichkeit ist nach der genannten Definition selbst kein Rechts"prinzip"[7]. Es sagt – anders als Rechtsprinzipien –

---

[1] *Alexy,* Zum Begriff des Rechtsprinzips, Rechtstheorie, Beiheft 1 (1979), 59 ff.; *ders.,* Theorie der Grundrechte, 1985, 71 ff.; *Koch / Rüßmann,* Juristische Begründungslehre, 1982, 78 ff., 97 ff.

[2] *Alexy,* Theorie der Grundrechte, 75 ff.

[3] *Alexy,* Theorie der Grundrechte, 71 ff.

[4] Der Wirtschaftlichkeitsgrundsatz wird nicht gegen etwas anderes abgewogen; er hat nicht das eine Mal den Vorrang, das andere Mal nicht.

[5] Näheres unter VI.

[6] Vgl. auch *Reinermann,* Messungsprobleme, 235.

nicht, was optimiert werden soll, sondern *daß* optimiert werden soll. Der Wirtschaftlichkeitsgrundsatz ist ein Optimierungsgebot. Sein *praktischer Wert* besteht darin, daß er das Gebot der Optimierung auch auf solche Bereiche erstreckt, in denen eigentliche Rechtsprinzipien nicht bereits von sich aus eine Optimierung verlangen (oder die Geltung solcher Rechtsprinzipien doch noch umstritten ist). Das Gebot der Wirtschaftlichkeit stellt insofern eine wichtige Ergänzung zur Förderung rationalen Staatshandelns dar.

---

[7] Wenn wir in dieser Schrift in Anlehnung an den verbreiteten Sprachgebrauch dennoch von „Wirtschaftlichkeitsprinzip" sprechen, so ist doch die obige Klarstellung in Erinnerung zu behalten.

VI. Wirtschaftlichkeit als offenes Prinzip

Es wurde bereits erwähnt, daß das Wirtschaftlichkeitsgebot nur besagt, daß optimiert, nicht aber, was optimiert werden soll (oben V). Das Wirtschaftlichkeitsgebot sagt nichts über die Zwecke, die durch seine Anwendung optimal realisiert werden sollen; da es sich mit allen denkbaren Zwecken verbinden läßt[1], setzt es ihre anderweitige Setzung voraus. Das Wirtschaftlichkeitsprinzip sagt lediglich: „Was immer Du erreichen willst: Bei Beachtung des ökonomischen Prinzips kannst Du mehr davon erreichen."[2] Das vom Wirtschaftlichkeitsgebot angestrebte optimale Verhältnis von Kosten und Nutzen verlangt zunächst einmal, daß die Wirkungen einer Handlung ermittelt, in günstige und ungünstige eingeteilt und dann gegeneinander abgewogen werden. Dabei sind neben der Abschätzung von Ursachen-Wirkungs-Zusammenhängen („Schätzurteile"[3]) auch Wertungen erforderlich (oben IV), wobei es sich, genau genommen, um die Abwägung zwischen verschiedenen Zwecken handelt. Diese Abwägung kann das Wirtschaftlichkeitprinzip wiederum inhaltlich nicht leisten. Die Abwägung hängt vielmehr von der Zuordnung der Zwecke und der Festlegung ihres relativen Gewichts ab, die das Wirtschaftlichkeitsprinzip selbst nicht liefert. Das Wirtschaftlichkeitsprinzip verweist somit auf „vorfindliche Maßstäbe"[4]. Es ist ein *offenes Prinzip*[5], ein *Formal*prinzip, dessen Anwendung je nach den gesetzten Zwecken zu ganz unterschiedlichen Ergebnissen führen kann[6].

---

[1] *Reinermann,* Wirtschaftlichkeitsanalysen, 7; *Greifeld,* Wirtschaftlichkeitsprüfer, 20.

[2] *Alexander,* Human Values and Economist's Values, in: Hook, Human Values and Economic Policy. A Symposium, 1967, 101 ff. (107).

[3] Oben IV Fn. 2.

[4] *Krebs,* Kontrolle, 186.

[5] Statt vieler *Reinermann,* Messungsprobleme, 235.

[6] Zur Ergänzung des Wirtschaftlichkeitsprinzips durch das grundgesetzliche Gemeinwohlprinzip, das bestimmte Wertentscheidungen verbindlich vorgibt, unten X 8 und XIV 6.

VII. Normenhöhe und Beurteilungsebene

Der Grundsatz der Wirtschaftlichkeit betrifft eine Zweck-Mittel-Beziehung. Es sind diejenigen Mittel zu wählen, die bestimmte Zwecke optimal verwirklichen. Gedacht ist an eine finale Programmierung, die die Zwecke vorgibt und es dem „Anwender" der Norm überläßt, die Mittel und Wege zur optimalen Realisierung der vorgegebenen Zwecke zu finden. Dabei liegt zunächst einmal die Vorstellung zugrunde, daß die Zwecke fixiert sind.

Die Fixierung der Zwecke gilt jedoch nur für den (der Norm unterworfenen) Anwender. *Er* ist an die gesetzten Zwecke gebunden. Anders stellt sich die Situation dar für den Norm*setzer,* zu dessen Disposition die Norm und ihr Inhalt stehen. Aus seiner Sicht sind die Norm und die darin enthaltenen Zwecksetzungen ihrerseits wieder Mittel zur Erreichung vorgelagerter, abstrakterer Zwecke und können als solche Gegenstand der Wirtschaftlichkeitsbeurteilung – auf einer höheren Ebene – sein[1]. Damit unterliegen auch gesetzliche Zwecksetzungen einer potentiellen Wirtschaftlichkeitskontrolle. Mittel und Zweck sind somit *relative Begriffe,* deren Kategorisierung von der Beurteilungsebene abhängt[2]. Demgemäß ist eine Wirtschaftlichkeitsbeurteilung logisch auf allen Ebenen der Normenhierarchie denkbar.

Die vorstehende Skizze hat sich auf finale Programmierungen beschränkt, nicht weil es etwa nur diese gäbe, sondern weil die finale Programmierung *das* Anwendungsfeld von Wirtschaftlichkeitserwägungen darstellt (oben IV). Soweit konditionale Programmierungen vorliegen, bleibt für Wirtschaftlichkeitserwägungen grundsätzlich kein Raum mehr. Dies gilt natürlich wiederum nur für die Ebene des Normunterworfenen, des Normanwenders. Für den Norm*setzer* stehen auch Konditionalprogramme zur Disposition. Auch ihr Sinn ist es, die vorgelagerten, auch dem Normsetzer vorgegebenen Zwecke möglichst gut zu verwirklichen. Tun sie dies nicht, kommt eine Änderung in Betracht. Der Normsetzer hat auch Konditionalprogramme unter Berücksich-

---

[1] *Krebs,* Kontrolle, 186: „Ein und dasselbe Handeln kann deshalb … – je nach Betrachtungsebene – wirtschaftlich und unwirtschaftlich sein. Ist etwa die Erreichung eines bestimmten Zweckes normativ verbindlich, so ist eine Handlung, die diesen Zweck optimal verwirklicht, wirtschaftlich. Ist dieser Zweck aber ein untaugliches Mittel zur Erreichung eines anderen Zweckes, ist sie aus dieser abstrakten Sicht unwirtschaftlich."

[2] *Greifeld,* Wirtschaftlichkeitsprüfer, 37: „Als Wirtschaftlichkeitsproblem stellt sich der Inhalt von Normen freilich nur für den dar, der die Änderungs- und Gestaltungskompetenz über sie hat. Wen Normen binden, der ist verpflichtet, rechtmäßig zu handeln."

tigung höherrangiger, ihn bindender (wiederum final- und/oder konditional-
programmierender) Normen möglichst gut zu gestalten.

Zur Vermeidung von Mißverständnissen sei klargestellt: Der jeweilige
Normanwender ist an die betreffende Norm grundsätzlich gebunden, sei es
nun eine final- oder eine konditionalprogrammierende Norm. Soweit z. B. die
Rechnungshöfe Entscheidungen der Normanwender, z. B. der Verwaltung,
prüfen, ist die Norm Maßstab der Prüfung. Erst bei der Prüfung des Verhal-
tens des Normgebers, etwa eines Ministeriums bei Erlaß einer Rechtsverordnung oder eines Gemeinderats bei Erlaß einer Satzung, ist die Norm Gegenstand der Prüfung (während Prüfungsmaßstab dann Zwecke sind, die durch
höherrangige Normen gesetzt sind).

VIII. Normative Fixierung
letzter Zwecke durch das Grundgesetz:
Vom formalen zum materialen Rationalprinzip

Wie dargelegt, können normative Zwecksetzungen, d. h. Finalprogramme (ebenso aber auch Konditionalprogramme), ihrerseits Mittel zur Realisierung abstrakterer Zwecke auf einer höheren normativen Ebene sein und diese wiederum Mittel zur Verwirklichung noch abstrakterer und normativ höherrangiger Zwecke. Deshalb spricht man in diesem Zusammenhang bisweilen von einem „endlose(n) Zweckregreß"[1]. Ist der Zweckregreß aber wirklich endlos oder lassen sich nicht auf einer obersten Ebene „letzte Zwecke" feststellen[2], denen der Staat und alle seine Organe zu dienen haben?

Niklas Luhmann hat diese Frage in einem berühmten Aufsatz mit dem Titel „Kann die Verwaltung wirtschaftlich handeln?" rundheraus verneint. Die Ermittlung und Bewertung letzter Zwecke des Staates sei dem wissenschaftlichen Denken nicht zugänglich und deshalb „denkunmöglich". Die neuere Entwicklung der Wissenschaftstheorie habe ergeben, daß die Richtigkeit von Zweckvorstellungen „sich nicht zur Gewißheit aller beweisen" lasse, so daß „Zwecke ihre Wahrheitsfähigkeit verloren" hätten. Deshalb sei eine „instrumentale" Verwaltungs- und Staatsauffassung, die in Staat und Verwaltung und in allen ihren Trägern und Organen nur „Mittel zum Zweck" sehe, zurückzuweisen[3]. Auch die Souveränität des Staates stehe der Bestimmung von Staatszwecken entgegen[4].

Die Auffassung *Luhmanns* trifft nur teilweise zu. Sie vermischt Richtiges mit Falschem. *Luhmanns* Auffassung trifft insoweit völlig zu, als sich die Richtigkeit letzter Werte mit sozialwissenschaftlichen Methoden in der Tat nicht beweisen läßt. Dies ist bleibende und gesicherte Erkenntnis seit dem sog. Werturteilsstreit, der in der Geschichte der Sozialwissenschaften einen tiefen Einschnitt markiert. Das bedeutet zwar nicht, daß die Sozialwissenschaften

---

[1] *Greifeld,* Wirtschaftlichkeitsprüfer, 70; vgl. auch *Krebs,* Kontrolle, 191.

[2] Zur Rückführbarkeit von Unterzwecken auf Oberzwecke bis hin zu letzten Zwecken *Max Weber,* Gesammelte Aufsätze zur Wissenschaftslehre, 6. Aufl., 1985, 489 (510); *Radbruch,* Rechtsphilosophie, 6. Aufl., 1963, 100 – 105. Vgl. auch sogleich im Text.

[3] *Luhmann,* Kann die Verwaltung wirtschaftlich handeln?, VerwArch 1960, 97 (112 f.). Dazu *v. Arnim,* Staatslehre, 228.

[4] *Luhmann,* Kann die Verwaltung wirtschaftlich handeln?, 113.

sich legitimerweise überhaupt nicht mit Werten befassen könnten[5]. Sie können durchaus die Eignung verschiedener Mittel zur Erreichung hypothetisch gesetzter Ziele untersuchen, sie können Unterziele auf Oberziele und entsprechende Werte auf übergeordnete Werte zurückführen bis hin zu letzten Zwekken und Werten. Sie können also die wertmäßigen Voraussetzungen bestimmter Wertentscheidungen ermitteln[6]; zugleich können sie feststellen, welche Auswirkungen die Anwendung bestimmter Mittel neben der Erreichung des beabsichtigten Zweckes auf andere Werte haben („Nebenfolgen") und auf diese Weise aufzeigen, was „die Erreichung des gewollten Zweckes in Gestalt der voraussichtlich eintretenden Verletzung anderer Werte . . . ,kostet'"[7]. Sie können sich zur Widerspruchsfreiheit der Ziele und zur Klarheit ihrer Formulierung äußern. Aber es ist für die Sozialwissenschaften nicht möglich, zwischen verschiedenen letzten Werten, die unterschiedlichen Wertauffassungen und Weltanschauungen entspringen, mit wissenschaftlicher Eindeutigkeit zu entscheiden.

Die mangelnde Nachweisbarkeit letzter Zwecke mittels sozialwissenschaftlicher Methoden bedeutet jedoch noch nicht zwangsläufig, daß sie überhaupt nicht nachweisbar wären. Bei der Suche nach Möglichkeiten und Wegen, die Gültigkeit letzter Zwecke nachzuweisen, richtet sich der Blick auch auf die *Philosophie* als die übergreifende Wissenschaft vom richtigen Werten. Indes vermag die Philosophie – abgesehen von der Vielzahl und Vielfalt ihrer (einander teils widersprechenden) Richtungen – nur für denjenigen Verbindlichkeit zu entfalten, der sich von ihr überzeugen läßt, nicht aber für denjenigen, der bei aller möglichen Logik ihres gedanklichen Systems etwa die Gültigkeit ihrer Prämissen bestreitet. Die Sozialwissenschaften können die Richtigkeit von letzten Werten also nicht nachweisen, weil ihre auf die Ermittlung von Fakten und Zusammenhängen ausgerichteten Methoden dafür inadäquat sind. Die Philosophie bemüht sich zwar um die Ermittlung von Werten. Die Richtigkeit der zugrundeliegenden Prämissen, von denen die Ergebnisse der gedanklichen Systeme letztlich abhängen, kann sie jedoch nicht mit Anspruch auf Allgemeinverbindlichkeit aufzeigen.

---

[5] Dazu *Max Weber,* Gesammelte Aufsätze zur Wissenschaftslehre, 6. Aufl., 1985, 146 (149 ff.), 489 (510 ff.); *Radbruch,* Rechtsphilosophie, 100 f.; *Gäfgen,* Theorie der Wirtschaftspolitik, 9.

[6] Es geht mit den Worten *Max Webers* (Gesammelte Aufsätze zur Wissenschaftslehre, 510) darum, die „letzten, innerlich ,konsequenten' Wertaxiome" herauszuarbeiten, „von denen die einander entgegengesetzten Meinungen ausgehen. Nicht nur über die der Gegner, sondern auch über die eigenen täuscht man sich oft genug. Diese Prozedur ist dem Wesen nach eine von der Einzelwertung und ihrer sinnhaften Analyse ausgehende, immer höher zu immer prinzipielleren wertenden Stellungnahmen aufsteigende Operation. Sie operiert nicht mit den Mitteln einer empirischen Disziplin und zeitigt keine Tatsachenerkenntnis. Sie ,gilt' in gleicher Art wie die Logik."

[7] *Max Weber,* Gesammelte Aufsätze zur Wissenschaftslehre, 150.

Indes gibt es einen anderen, für unsere Fragestellung relevanten Ansatz, den spezifisch juristischen, mittels dessen sich die Gültigkeit letzter Zwecke zwar auch nicht unabhängig von Zeit und Raum, aber doch für die Rechtsgemeinschaft der Bundesrepublik Deutschland allgemeinverbindlich erweisen läßt, eine Erkenntnis, die vornehmlich *Arnold Brecht* zu verdanken ist[8]. Das Grundgesetz hat die von *Arnold Brecht* schon früh skizzierte Möglichkeit, daß die Staatsverfassung letzte Zwecke konstituiert und sie dadurch für die gesamte Gemeinschaft verbindlich macht[9], verwirklicht[10]. Das Grundgesetz hat eine *objektive Wertordnung* begründet, die auf bestimmten letzten Zwecken beruht[11]. Der Staat des Grundgesetzes ist Instrument zu ihrer möglichst weitgehenden Verwirklichung; er beruht – entgegen *Luhmann* – auf einer rein instrumentalen Staatsauffassung[12]. Die Souveränität des Staates stände dem nur entgegen, wenn man darunter die völlige rechtliche Ungebundenheit der Staatsmacht verstände. Eine solche Art der Souveränität kann es – wiederum entgegen *Luhmann*[13] – im Verfassungsstaat aber gar nicht geben[14].

Die Erkenntnis, daß das Grundgesetz für alle Staatsorgane normativ verbindlich eine Wertordnung vorschreibt, die auf letzten Zwecken beruht[15], ist für das Verständnis der Wirtschaftlichkeit *als Rechtsprinzip* grundlegend. Während für den ökonomischen Wirtschaftlichkeitsbegriff seine Offenheit charakteristisch ist, d. h. seine Anwendbarkeit auf alle möglichen Zwecke und die dahinterstehenden Wertvorstellungen (oben IV und VI), ist die juristisch-praktische Anwendung des Rationalprinzips auf bestimmte Zwecke (Werte) ausgerichtet. Die Bindung der Verwaltung und des Staates insgesamt an das Grundgesetz und die von diesem gesetzte Wertordnung begrenzt, indem sie

---

[8] *Brecht,* Politische Theorie, 2. Aufl., 1976, 191 ff., 432 ff.

[9] Vgl. schon *Brecht,* The American Political Science Review 32 (1938), 1173 (1174 f.).

[10] Vgl. auch *Brecht,* The New German Constitution, Social Research 16 (1949), 425 (460 ff.).

[11] BVerfGE 7, 198 (205); 42, 313 (332): „Das Grundgesetz, das keine wertneutrale Ordnung sein will", hat eine „objektive Wertordnung aufgerichtet", in deren Mittelpunkt Menschenwürde, Freiheit und Gerechtigkeit stehen (ständige Rechtsprechung). *v. Arnim,* Staatslehre, 124 ff. mwN.

[12] *Herzog,* Allgemeine Staatslehre, 1971, 136 ff.; *v. Arnim,* Gemeinwohl und Gruppeninteressen, 1977, 13 ff. mwN.

[13] *Luhmann* bezieht sich insoweit an anderer Stelle (*Luhmann,* Recht und Automation in der öffentlichen Verwaltung, 1966, 40 Fn. 15) auch auf *Kelsen,* Das Problem der Souveränität, 2. Aufl., 1928, 83. Dort sagt *Kelsen* zwar, Zweckbindung und Souveränität schlössen sich gegenseitig aus, bezieht dies aber nur auf *metajuristische* Zwecke: Der souveräne Staat könne keine metajuristischen Zwecke haben. *Luhmann* hat offenbar übersehen, daß *Kelsens* Aussage mit der Begründung letzter Zwecke aus der rechtlichen Verfassungsordnung durchaus vereinbar ist, wie *Kelsen* an anderer Stelle auch ausdrücklich einräumt: *Kelsen,* Reine Rechtslehre, 2. Aufl., 1960, 351.

[14] *Kriele,* Staatslehre, 2. Aufl., 1981, § 28 (S. 111 ff.).

[15] Auseinandersetzung mit *Carl Schmitts* berühmt-berüchtigter Warnung vor einer sog. „Tyrannei der Werte" bei *v. Arnim,* Staatslehre, 228 – 231.

bestimmte Zwecke vorgibt, die Zulässigkeit der rational (wirtschaftlich) zu verfolgenden Zwecke (unten XVI 2). Auf diese Weise werden dem Rationalprinzip bestimmte Richtpunkte vorgegeben. Aus dem Wirtschaftlichkeitsprinzip als offenem, rein formalen Prinzip wird durch den Bezug auf letzte, rechtsverbindlich vorgegebene Zwecke eine Art *materialer* Rationalität[16].

---

[16] Zu den Begriffen „formale" und „materiale" Rationalität und zur zentralen Bedeutung der materialen Rationalität für „die nach einem neuen Selbstverständnis suchende Verwaltungswissenschaft" *Klaus König,* Erkenntnisinteressen, 155, 161 ff., 166, 225.

IX. Einzig-richtige Entscheidungen?

Die Beachtung des Wirtschaftlichkeitsgebots verlangt komplizierte gedankliche Operationen[1]. Die Prüfung der Eignung alternativer Maßnahmen setzt eine Prognose über ihre voraussichtliche Wirkungsweise voraus, die Prüfung der Erforderlichkeit verlangt zusätzlich eine Ermittlung der jeweiligen Kosten verschiedener Alternativen. Die Kosten lassen sich aber oft nicht ohne Gewalt auf einen einheitlichen Nenner, insbes. auf den Nenner „Geld", bringen. Dann wird eine Bewertung und Abwägung erforderlich, die darüber hinaus auch im Rahmen der Übermaßprüfung und erst recht im Rahmen der zusätzlich erforderlichen Wirtschaftlichkeitsprüfung iwS anzustellen ist. Die Wirtschaftlichkeitsprüfung erfordert also höchst irrtumsanfällige Schätzurteile[2] über Tatsachenzusammenhänge und zusätzlich Wertungen, deren „Richtigkeit" meist nur in Grenzen allgemein überzeugend dargelegt werden kann[3].

Wirtschaftliches Handeln, verstanden als optimales Handeln, ist also derart kompliziert und setzt so anspruchsvolle Denkoperationen voraus, beruht aber gleichzeitig auf so unsicherer tatsächlicher Grundlage (Prognosen) und auf (möglicherweise anfechtbaren) Wertentscheidungen, daß immer mal wieder die Auffassung aufgekommen ist, wirtschaftliches Verhalten der Verwaltung sei überhaupt nicht möglich. Diese These hat vor allem *Niklas Luhmann*[4] im Anschluß an *Herbert A. Simon*[5] vertreten. *Luhmanns* Argumentation ist aber wesentlich dadurch bestimmt, daß er unter „optimalen" Entscheidungen einzig-richtige Entscheidungen versteht. *Luhmann* hält solch eindeutige Bestimmbarkeit der Richtigkeit für ein notwendiges Attribut der Rationalität und damit auch der Wirtschaftlichkeit[6]. Da es aber oft aus praktischen Gründen in der Tat nicht möglich ist, eine Lösung als die einzig richtige zu bestimmen, könne es, so folgert *Luhmann*, nicht um die Gewinnung optimaler Ent-

---

[1] Dazu *Reinermann*, Wirtschaftlichkeitsanalysen, 5 ff.; *ders.*, Messungsprobleme, 234 ff.; *Krebs*, Kontrolle, 184 ff.

[2] Oben IV Fn. 2.

[3] Näheres bei *v. Arnim*, Staatslehre, 217 ff. mwN. Die klassische (wenn auch noch auf einem anderen methodischen Stand beruhende) Darlegung, daß rechtliche Programmierungen durchaus nicht unbedingt zu allein-richtigen Lösungen führen müssen, sondern außerhalb eines sicheren Kerns unsichere Grenzbereiche belassen können, hat *Walter Jellinek* am Beispiel des „unbestimmten Begriffs" gegeben: *Jellinek*, Gesetz, Gesetzesanwendung und Zweckmäßigkeitserwägung, 1913, 37 ff.

[4] *Luhmann*, Kann die Verwaltung wirtschaftlich handeln?, VerwArch 1960, 97.

[5] *Simon*, Administrative Behaviour, 1957, 81; *March / Simon*, Organisations, 1958, 138 ff.

[6] Auch *Luhmann* setzt Wirtschaftlichkeit ausdrücklich mit Rationalität gleich.

scheidungen gehen, sondern lediglich um „brauchbare". Brauchbar sei jede Entscheidung, die bestimmten vorher aufgestellten Bedingungen genüge und damit eine gewisse Wunschschwelle überschreite. Maßgeblich und zu akzeptieren sei der „erste brauchbare Einfall".

Die *Stellungnahme* zu *Luhmanns* Thesen ist durch ein Einerseits-Andererseits gekennzeichnet. Einerseits rennt *Luhmann*, genau genommen, offene Türen ein, wenn er aufzeigt, daß die Methode der Optimierung oft nicht zu eindeutigen, einzig-richtigen Lösungen führt[7]. Oft sind zwei oder mehr mögliche Lösungen als gleichwertig anzuerkennen[8]; die Entscheidung für die eine kann dann nicht allgemeinüberzeugend als richtig, die Entscheidung für die anderen als falsch erwiesen werden[9]. Andererseits sehen wir – entgegen *Luhmann* – aber keinerlei Notwendigkeit, den Begriff der Wirtschaftlichkeit (= Rationalität) auf einzig-richtige Lösungen zu beschränken. Wirtschaftlichkeit verlangt vielmehr die Gewinnung brauchbarer Entscheidungen in dem Sinne, daß eindeutig unbrauchbare Entscheidungen, d. h. Entscheidungen, die eindeutig schlechter sind als andere, ausgeschieden werden. Lassen sich verschiedene Grade von Brauchbarkeit unterscheiden, so muß es aber – entgegen *Luhmann* – auch um die Ermittlung der relativ „brauchbarsten" gehen[10].

---

[7] Vgl. auch *Reinermann*, Messungsprobleme, 233.

[8] *Vogel / Kirchhof*, Bonner Kommentar, Art. 114 GG, Rn. 89: „Eine eindeutige, einzig richtige Entscheidung über die Wirtschaftlichkeit einer Maßnahme wird im Bereich der Staatswirtschaft vielfach nicht möglich sein. Vielmehr wird der Verwaltungsbeamte oft vor verschiedenen Entscheidungsalternativen stehen, die sich – trotz unterschiedlichen Aufwands und auch Ertrages – alle als gleichermaßen wirtschaftlich mögen vertreten lassen."

[9] *Thieme*, Entscheidungen in der öffentlichen Verwaltung, 1981, 24 f.

[10] Ähnlich auch *Greifeld*, Wirtschaftlichkeitsprüfer, 14: Die Festlegung der Luhmannschen Brauchbarkeitsbedingungen sei nicht determiniert und deshalb willkürlich. Dadurch könnten „viele einzelne noch verbesserungsfähige Situationen" verfehlt werden. *Hengstschläger*, Der Rechnungshof, 1982, 317 ff. (318): Es komme darauf an, unbrauchbare Lösungen auszuscheiden und, soweit möglich, unter den brauchbaren die relativ brauchbarste zu finden.

X. Verwandte Begriffe

In diesem Abschnitt sollen diejenigen Begriffe, die eine Verwandtschaft zum Begriff „Wirtschaftlichkeit" aufweisen, zu ihm in Beziehung gesetzt werden, damit Übereinstimmungen und Unterschiede deutlich werden. Beabsichtigt ist also zunächst lediglich eine allgemeine begriffliche Klärung, was aber nicht ausschließt, daß bisweilen auch spezifisch juristische Kriterien hineinspielen. Die möglichen Zusammenhänge zwischen beiden Kategorien sind schwerlich übersehbar. Aus allgemeinen begrifflichen Erörterungen können sich Konsequenzen auch für den juristischen Wirtschaftlichkeitsbegriff ergeben.

1. Effizienz

Das Effizienzprinzip besagt, daß von allen erreichbaren Alternativen diejenige auszuwählen ist, die den größten Nettonutzen erbringt[1]. Von daher leuchtet es ein, daß Effizienz häufig als Synonym für Wirtschaftlichkeit angesehen wird[2]. Bezieht man den Grundsatz der Wirtschaftlichkeit aber nur auf bestimmte Größen, insbes. nur auf ökonomische, nicht auch auf „politische, soziale, kulturelle, medizinische Gesichtspunkte"[3], so ist Effizienz, die keine solche Begrenzung kennt, sondern sich auf alle Staatsziele bezieht, der weitere Begriff[4]. Inwieweit eine solche Abschichtung von ökonomischen und nicht-

---

[1] *Herbert A. Simon*, Das Verwaltungshandeln, 1955, 111 ff. – *Walter Leisner* hat dem Thema „Effizienz als Rechtsprinzip" (1971) eine selbständige Untersuchung gewidmet (dazu auch *Häberle*, Effizienz und Verfassung, AöR 1973, 625 ff.). *Leisners* Schrift leidet aber darunter, daß sie von einer unglücklichen Begrifflichkeit ausgeht. Leisner versteht unter „Wirtschaftlichkeit" nur das Erreichen festliegender Zwecke mit möglichst geringen Mitteln (S. 38 f., 48 ff.), also das, was wir mit der h. A. als „Sparsamkeit" bezeichnen (unter 3), während er „Sparsamkeit" als Minimierung des Mitteleinsatzes ohne Rücksicht auf die Zweckerreichung (dazu oben III, vor 1) versteht (S. 48 f.), und, was man gemeinhin Wirtschaftlichkeit nennt, als „Produktionseffizienz" bezeichnet. Daneben diskutiert er noch eine „Zweckerreichungseffizienz" als mittelunabhängige Maximierung der Verwaltungsziele (S. 38 ff.), die – selbstverständlich – nicht Inhalt eines Rechtsgrundsatzes ist (S. 44 f.). Dazu wiederum oben III, vor 1.

[2] So *Reinermann*, Wirtschaftlichkeitsanalysen, 1 ff. mwN in Fn. 4; *ders.*, Messungsprobleme, 234; *Jürgen Schmidt*, Wirtschaftlichkeit der öffentlichen Verwaltung, 1977, 16; *Hengstschläger*, Rechnungshof, 314 ff., 375.

[3] So *Eichhorn*, Verwaltungshandeln und Verwaltungskosten, 1979, 21 ff.; *ders.*, Leistungssteigerung in der öffentlichen Verwaltung, 1984, 37.

[4] So auch *Isensee*, Subsidiaritätsprinzip und Verfassungsrecht, 1968, 311 f.: „Das allgemeine Prinzip der Effizienz" stehe „hinter den Grundsätzen der Sparsamkeit und der Wirtschaftlichkeit". Der Wirtschaftlichkeitsgrundsatz sei eine „Konkretisierung" der Effizienz. Dabei läßt *Isensee* hier noch offen, „ob (und wie weit) das Prinzip der Effi-

ökonomischen Größen aber wirklich möglich und sinnvoll ist[5], sei hier noch dahingestellt.

2. Rationalität

Das Rationalprinzip besagt, daß Ziele mit dem Einsatz möglichst geringer Mittel zu erreichen bzw. Mittel zur Erreichung möglichst weitgehender Zielverwirklichung zu verwenden sind[6]. Bereits die Formulierung zeigt, daß Rationalität und „Wirtschaftlichkeit" bedeutungsgleich sind. Rationalität *ist* Wirtschaftlichkeit[7]. Das gilt jedenfalls für das umfassende Verständnis des Begriffs „Wirtschaftlichkeit", der sich auf alle staatlichen Aktivitäten bezieht und alle staatlichen Ziele, nicht nur die ökonomischen, wenn diese denn überhaupt abschichtbar sind, einbezieht *(Wirtschaftlichkeit im weiteren Sinne)*[8]. Davon möglicherweise zu unterscheiden ist ein *engerer* Wirtschaftlichkeitsbegriff. Zu seiner Eingrenzung könnten zwei Arten von Kriterien in Betracht kommen. Entweder versucht man, einen engeren Wirtschaftlichkeitsbegriff dadurch abzugrenzen, daß dieser nur einen Teilbereich der staatlichen Aktivitäten zum Gegenstand hat, nämlich diejenigen Aktivitäten, die sich finanziell, d. h. auf die staatlichen Ausgaben, Einnahmen (also auf den Haushalt) oder das staatliche Vermögen auswirken bzw. auswirken können[9]. Dieser (dem Bezugsgegenstand nach) engere Begriff scheint den haushaltsrechtlichen Bestimmungen über die Wirtschaftlichkeit zugrunde zu liegen[10]. Das legt schon die Verankerung des Wirtschaftlichkeitsgrundsatzes im *Haushalts*recht nahe. Auch die Kontrolle, die der Bundesrechnungshof nach Art. 114 II 1 GG vorzunehmen hat, bezieht sich nur auf die Wirtschaftlichkeit der „Haushalts- und Wirtschaftsführung". Die Gemeindeorgane sind nach den Gemeindeordnungen verpflichtet, „die Haushaltswirtschaft" sparsam und wirtschaftlich „zu führen"[11].

---

zienz dem Staatsrecht oder der politischen Wissenschaft, dem Verwaltungsrecht oder der Verwaltungslehre zuzuordnen ist". Entschieden für eine Zuordnung zum Staatsrecht dann *Isensee*, DÖV 1970, 397 (404). Dazu unten XIV 6.

[5] Vgl. dazu auch sogleich unter 2.

[6] *Max Weber*, Wirtschaft und Gesellschaft, 5. Aufl., 1. Hbbd., 1972, 32 f.; *Gäfgen*, Theorie der wirtschaftlichen Entscheidung, 3. Aufl., 1974, 102 f.

[7] Dazu *Büch*, Wirtschaftlichkeit, 38 ff., 60 ff. – Auch hinsichtlich der weiteren Anforderungen des Wirtschaftlichkeitsprinzips (oben III 3) besteht keine Divergenz zum Rationalprinzip.

[8] So auch *Reinermann*, Wirtschaftlichkeitsanalysen, 8, der von einem weiten Wirtschaftlichkeitsbegriff ausgeht. Wirtschaftlichkeit ist hier gleichbedeutend mit Effizienz (dazu unter 1).

[9] *Heuer*, Art. 114 GG, Rn. 59, 78; *Salmen*, Wirtschaftlichkeitsprinzip, 25; *Krebs*, Kontrolle, 182. *Grupp*, DÖV 1983, 661 (663), verlangt eine *unmittelbare* finanzielle Auswirkung, was die Abgrenzungsschwierigkeiten nicht gerade mindert und, wie immer, wenn das Wort „unmittelbar" verwendet wird, das Eingeständnis rechtswissenschaftlicher Verlegenheit um eine klare Abgrenzung darstellt.

[10] *Heuer*, Art. 114 GG, Rn. 58 ff.

Inwieweit *daraus* aber wirklich eine substantielle Einschränkung des haushalts- und vermögensrechtlichen Wirtschaftlichkeitsbegriffs folgt, ist fraglich, da nahezu jegliches staatliches Handeln einen Bezug zu finanziellen Vorgängen aufweist. Öffentliche Mittel sind eigentlich für jede staatliche Aktivität erforderlich, zumindest für die Besoldung der staatlichen Akteure. *Begrifflich* läßt sich eine Abgrenzung zwischen Rationalität und haushalts- und vermögensrechtlicher Wirtschaftlichkeit also in Wahrheit kaum vornehmen.

Ein *anderer Ansatz* sucht, zwischen ökonomischen und nicht-ökonomischen Zielen und Werten zu unterscheiden und das Wirtschaftlichkeitsprinzip auf die Optimierung ökonomischer Ziele und Werte zu begrenzen[12]. Eine solche Eingrenzung ist in Wahrheit aber ebenfalls nicht möglich. Die früher verbreiteten Versuche, ökonomische Ziele zu verselbständigen und sie von nicht-ökonomischen abzuschichten, sind gescheitert. Die moderne Methodik der theoretischen Wirtschaftspolitik hat aufgezeigt, daß auch sog. ökonomische Ziele sämtlich auf die allgemeinen Ziele der Gemeinschaft zurückgeführt werden müssen[13]. Dementsprechend werden mit den ökonomischen Aufwendungen, die der Staat vornimmt, denn auch in weiten Bereichen nicht-ökonomische Ziele verfolgt[14].

Eine andere, hier noch nicht zu behandelnde Frage ist es, ob die rechtliche Geltung des Wirtschaftlichkeitsgrundsatzes möglicherweise aus anderen Gründen hinter dem weiten Rationalitätsbegriff zurückbleibt.

3. Sparsamkeit

Der Begriff der Sparsamkeit wird in den Rechtsvorschriften meist neben dem der Wirtschaftlichkeit noch ausdrücklich genannt, z. B. in §§ 7 I und 90 Nr. 3 BHO/LHO. Das Verhältnis beider Begriffe ist umstritten. Nach richtiger und inzwischen herrschender Auffassung umfaßt Sparsamkeit nur einen Teilbereich von Wirtschaftlichkeit, nämlich den vom Minimalprinzip erfaßten. Der Sparsamkeitsgrundsatz ist das Kostenminimierungsprinzip des Wirtschaftlichkeitsgrundsatzes[15]. Sparsamkeit ist also nicht gleichbedeutend mit

---

[11] So z. B. § 77 II GO BW. Vgl. auch unten XII.

[12] Soeben unter 1.

[13] z. B. *Gäfgen*, Theorie der Wirtschaftspolitik, in: Ehrlicher u. a., Kompendium der Volkswirtschaftslehre, Bd. 2, 4. Aufl., 1975, 1 (8 ff.). Gegen eine Unterscheidung ökonomischer und außerökonomischer Ziele mit Recht z. B. auch *Pütz*, Grundlagen der theoretischen Wirtschaftspolitik, 4. Aufl., 1979, 37. Vgl. auch *v. Arnim*, Volkswirtschaftspolitik, 5. Aufl., 1985, 49 ff. mwN.

[14] Unten XVI 1.

[15] *Vogel / Kirchhof*, BK, Art. 114 GG, Rn. 101 ff.; *Eichhorn*, Verwaltungshandeln und Verwaltungskosten, 14; *Greifeld*, Wirtschaftlichkeitsprüfer, 35 f.; *Krebs*, Kontrolle, 185 mwN in Fn. 109. Vgl. auch BSGE 56, 197 (198 f.). Zu dieser Entscheidung auch oben III 7 b.

Minimierung der Kosten um jeden Preis[16], sondern heißt nichts anderes als die Vermeidung überflüssiger Kosten, also von Kosten, die zur Zielerreichung nicht erforderlich sind. Das Prinzip der Sparsamkeit geht nach diesem Verständnis also in vollem Umfang im Prinzip der Wirtschaftlichkeit auf. Sparsamkeit enthält nichts Eigenständiges. Deshalb ist es unerheblich, daß Art. 114 II GG nur von Wirtschaftlichkeit spricht. Ein sachlicher Unterschied zu den Formulierungen der Haushaltsordnungen und der Gemeindeordnungen wird dadurch nicht begründet[17]. Der Umstand, daß von Sparsamkeit *und* Wirtschaftlichkeit in den Rechtsvorschriften die Rede ist, gibt einen deutlichen Hinweis darauf, daß mit Wirtschaftlichkeit mehr gemeint sein muß, als bloß den Aufwand zur Erreichung eines bestimmten Zieles zu minimieren. Dies ist nur der Inhalt des Sparsamkeitsprinzips. Die zusätzliche Nennung des Wirtschaftlichkeitsprinzips macht klar, daß noch weitere Anforderungen einzuhalten sind, daß es also auch um die Maximierung des Erfolgs geht[18]. Daß damit durchaus nichts Selbstverständliches ausgesagt ist, zeigen etwa die Ausführungen von *Leisner*[19] und *Vogel / Kirchhof*[20].

---

[16] Zutreffend *Büch*, Wirtschaftlichkeit, 78. Mißverständlich noch *Püttner*, Verwaltungslehre, 236: „Sparsamkeit bedeutet Minimierung des Mitteleinsatzes und kann sich in einem Vergleich von Aufwand und Ertrag durchaus als unwirtschaftlich darstellen (‚Sparsamkeit am falschen Platz‘)." Vgl. auch *Leisner*, Effizienz, 48: „Sparsamkeit, bei der es ohne Rücksicht auf Zweckerreichung auf geringen Mitteleinsatz ankommt."

[17] *Becker / Kluge* sehen den Unterschied darin, daß Sparsamkeit „Wirtschaftlichkeit auf der Ebene des Kassengeschehens" bedeute, während „Wirtschaftlichkeit rationale Wirtschaft auf allen Ebenen" meine. Insofern sei „Sparsamkeit eine historisch ältere, in ihrem Gesichtskreis beschränkte Form der Wirtschaftlichkeit, die heute durch weniger partielle Formen der Ökonomie überlagert" werde (*Becker / Kluge*, Kulturpolitik und Ausgabenkontrolle, 1961, 33; wörtlich übereinstimmend *Siedentopf*, Wirtschaftlichkeit in der öffentlichen Verwaltung, 1969, 15 f.). Diese Auffassung hat mit der Zeit mit Recht immer mehr an Gefolgschaft verloren (*Büch*, Wirtschaftlichkeit, 71 ff.), zugunsten der im Text vertretenen, nunmehr herrschenden Auffassung. Zutreffend ist allerdings, daß der Minimalgrundsatz (= Sparsamkeitsgrundsatz) regelmäßig auf die Minimierung von *Geldausgaben* (zur Erreichung bestimmter Zwecke) hinausläuft, während es beim Maximalgrundsatz (als der anderen Komponente des Wirtschaftlichkeitsgrundsatzes) um die Maximierung des meist nicht in Geld zu bewertenden Nutzens geht. Vgl. aber auch unten XVI 1.

[18] Zu noch weiteren Anforderungen des Wirtschaftlichkeitsprinzips oben V 3.

[19] *Leisner* reduziert das Wirtschaftlichkeitsprinzip auf „Zweckerfüllung mit geringsten Mitteln" (*Leisner*, Effizienz, 48 ff.), also auf Sparsamkeit, und muß deshalb *seinen* Sparsamkeitsbegriff auf einen sinnlosen Begriff verkürzen (oben X Fn. 1).

[20] *Vogel / Kirchhof*, BK, Art. 114 GG, Rn. 90, wollen den rechtlichen Wirtschaftlichkeitsbegriff des Art. 114 II GG praktisch auf das Übermaßverbot beschränken: „‚Wirtschaftlich‘ ist eine staatliche Maßnahme … jeweils dann, wenn die Bedeutung der durch sie erreichbaren Ziele für das Gemeinwohl den eingesetzten Aufwand an Zeit, Arbeitskraft, Finanzmittel usw. – unter Einschluß etwaiger abträglicher Nebenfolgen – als gerechtfertigt erscheinen läßt und wenn die gleichen Ziele nicht auch mit geringerem Aufwand – in dem eben umrissenen weiten Sinne – erreicht werden könnten."

4. Effektivität

Effektivität meint das Ausmaß, in dem ein Zweck mit bestimmten Mitteln erreicht wird, und verlangt möglichst weitgehende Zweckerreichung. Wenn Sparsamkeit identisch ist mit dem Minimalprinzip (als Minimierung des Aufwandes zur Erreichung eines bestimmten Erfolges), so ist Effektivität mit dem Maximalprinzip (als Maximierung des Erfolges, der mit einem bestimmten Aufwand erreichbar ist) identisch. Effektivität und Sparsamkeit sind also Komplementärbegriffe: Eine Maßnahme muß sparsam und effektiv zugleich sein, wenn sie den Anforderungen des Wirtschaftlichkeitsprinzips entsprechen soll.

5. Subsidiarität

Der Begriff „Subsidiarität" hat unterschiedliche Bedeutungen. Zumeist wird er – im Anschluß an die Deutung der katholischen Soziallehre – nicht nur auf das Verhältnis Bürger – Staat, sondern auch auf das Verhältnis unterschiedlicher staatlicher Ebenen zueinander (etwa Bund – Länder oder Staat ieS – Gemeinden) bezogen und besagt dann, daß die obere Ebene eine Aufgabe nur in Anspruch nehmen darf, wenn die untere zu ihrer angemessenen Erfüllung nicht in der Lage ist[21]. Dieser Aspekt des Subsidiaritätsprinzips interessiert hier nicht. Hier soll unter dem Subsidiaritätsprinzip vielmehr allein der Grundsatz verstanden werden, daß der Staat (einschließlich der Kommunen) nur solche Aufgaben übernehmen darf, die die Gesellschaft allein nicht bewältigen kann[22].

Die Frage, in welcher Beziehung das so verstandene Subsidiaritätsprinzip zum Gebot der Wirtschaftlichkeit steht, hängt davon ab, ob das Gebot der Wirtschaftlichkeit sich nur auf die optimale Erfüllung der vom Staat ausgewählten Aufgaben bezieht oder auch auf die Auswahl der staatlichen Aufgaben selbst (Verbot der Übernahme durch den Staat, wenn die Belange privat ebenso günstig verwirklicht werden). Die Frage wird etwa bei der Diskussion um die Privatisierung öffentlicher Aufgaben akut. *Büch*[23] legt das Wirtschaft-

---

[21] Vgl. z. B. *Wolff / Bachof*, Verwaltungsrecht III, 4. Aufl., 1978, § 138 IIa; BVerfGE 10, 59 (83).

[22] *v. Arnim*, Staatslehre, 474 ff.

[23] *Büch*, Wirtschaftlichkeit, 82 ff., 106 ff., 114 ff. *Stern*, Staatsrecht II, 438 hält *Büchs* Vorschlag für „beachtlich", ohne aber selbst abschließend Stellung zu nehmen. *Salmen*, Wirtschaftlichkeitsprinzip, 130 f., Fn. 213, lehnt den Ansatz *Büchs* mit zwei Argumenten ab: *Salmen* geht von der verfassungsrechtlichen Geltung des Subsidiaritätsprinzips aus, „so daß es nicht einleuchtet, daß daneben ein Sparsamkeitsprinzip mit gleichem Inhalt gelten soll". Angesichts der Ungesichertheit der Geltung des Subsidiaritätsprinzips als grundgesetzliches Prinzip – das BVerwG und die Staatspraxis lehnen seine grundgesetzliche Geltung ab – hat die Ableitung des Subsidiaritätsprinzips (in dem engen, nur auf das Verhältnis Staat – Gesellschaft bezogenen Sinn) aus dem Wirtschaftlichkeitsprinzip, dessen rechtliche Geltung unbestritten ist, sehr wohl einen guten –

lichkeitsgebot eng aus und versteht es nur im ersten Sinne: Es beziehe sich allein auf die Erfüllung der vom Staat ausgewählten Aufgaben, nicht auch auf die Auswahl der Aufgaben. Gerade wegen dieser engen Auslegung des Wirtschaftlichkeitsprinzips interpretiert *Büch* das Sparsamkeitsgebot aber entsprechend weiter: Das Prinzip der Sparsamkeit verbiete dem Staat, Aufgaben zu übernehmen, die von den Privaten selbst in angemessener Weise realisiert werden. Gegen den Grundsatz der Sparsamkeit werde also verstoßen, „wenn vom Staat Aufgaben wahrgenommen und Ziele verfolgt werden, die auch privat realisiert werden können." Sparsamkeit fällt dann mit Subsidiarität zusammen. *Büch* widerspricht also der oben (unter 3) vertretenen Auffassung, daß Sparsamkeit nur ein Unterfall von Wirtschaftlichkeit ist, vielmehr mißt er der Sparsamkeit neben einem eng verstandenen Wirtschaftlichkeitsbegriff eine eigenständige Bedeutung bei. Demgegenüber halten wir an der oben vertretenen Auffassung fest: Das Wirtschaftlichkeitsgebot ist weit zu verstehen, so daß es auch das Sparsamkeitsprinzip mitumfaßt. Andererseits ist *Büch* insoweit zuzustimmen, als das Sparsamkeitsprinzip das Subsidiaritätsprinzip – in dem eingangs genannten einschränkenden Sinn – mitumfaßt[24]. Staatliche Aufgaben (und sonstiger Aufwand), die deshalb unnötig sind, weil die gesellschaftlichen Mechanismen den Anliegen mindestens ebenso gut gerecht werden können (und dann unter direkter Beteiligung der betroffenen Menschen selbst), sind überflüssig und deshalb unwirtschaftlich[25].

6. Übermaßverbot

Das Übermaßverbot ist im Verwaltungsrecht[26], insbes. im Polizeirecht[27] (wo das Prinzip entwickelt wurde), und im Verfassungsrecht[28] als Rechtsprinzip

---

praktisch sehr relevanten – Sinn. *Salmen* beruft sich zweitens darauf, das Gebot der Sparsamkeit sei nur auf den Haushalts*vollzug* bezogen. Das trifft angesichts des klaren Wortlauts der einschlägigen Bestimmungen der Haushaltsordnungen und der Gemeindeordnungen aber nicht zu.

[24] Das wird bei der Übertragung staatlicher Annexaufgaben auf Private und einer dadurch erreichten Einsparung öffentlicher Mittel besonders deutlich. Denn hier hat die öffentliche Hand *vor und nach* der Privatisierung finanzielle Mittel aufzuwenden; sie tätigt Ausgaben, nur nach der Privatisierung eben weniger. Da das Wirtschaftlichkeitsgebot im Haushaltsrecht dahin zielt, mit staatlichem Geld möglichst viel im Interesse der Bürger zu machen, liegt hier die Annahme eines Anwendungsfalls des Wirtschaftlichkeitsgebots besonders nahe.

[25] *Zavelberg*, Staatliche Rechnungsprüfung und Erfolgskontrolle, in: Eichhorn / v. Kortzfleisch (Hg.), Erfolgskontrolle bei der Verausgabung öffentlicher Mittel, 1986, 103 (104): Unwirtschaftlich ist auch der Mittelaufwand für Ziele, „die auch ohne den Aufwand oder mit geringerem Aufwand erreicht worden wären." Ebenso *v. Köckritz / Ermisch / Lamm*, § 6 BHO, Rn. 4.5; *Dommach*, § 6 BHO, Rn. 1: Nicht erforderliche Ausgaben sind auch unwirtschaftlich.

[26] *Wolff / Bachof*, Verwaltungsrecht I, 9. Aufl., 1974, § 30 II b 1 (S. 179); für die Leistungsverwaltung: *Wolff / Bachof*, Verwaltungsrecht III, 4. Aufl., 1978, § 138 V (Rn. 25 - 27).

anerkannt. Praktisch unbestritten ist seine Geltung heute gegenüber staatlichen *Eingriffen,* gleichgültig ob diese durch den Gesetzgeber oder die Verwaltung erfolgen.

Das Übermaßverbot umfaßt zwei Unterprinzipien: die *Erforderlichkeit* des Mittels (Prinzip des geringstmöglichen Eingriffs), wozu auch die Eignung des Mittels gehört, und die *Verhältnismäßigkeit* von Eingriff und dem damit angestrebten Ziel[29].

Im Polizeirecht bedeutet dies: „Die Polizei darf bei ihren Eingriffen nicht weiter gehen, als es zur Abwehr der jeweiligen Gefahr oder Störung unbedingt erforderlich ist (Grundsatz der ‚Erforderlichkeit‘ oder des ‚geringstmöglichen Eingriffs‘); sie darf zweitens keine Maßnahmen treffen, deren nachteilige Auswirkungen zu dem geschützten Rechtsgut erkennbar außer Verhältnis stehen (Grundsatz der Verhältnismäßigkeit).“[30]

Da das Übermaßverbot heute als *Rechts*prinzip anerkannt ist, das Rationalprinzip aber von Haus aus ein *ökonomisches* Prinzip darstellt, ist die Klärung des Verhältnisses von Übermaßverbot und Rationalprinzip eine wichtige Voraussetzung für die fruchtbare Integration rechts- und wirtschaftswissenschaftlichen Denkens. Die Offenlegung der Beziehung zwischen beiden Prinzipien ist sozusagen das Scharnier für die Zusammenführung (und Filterung) beider Wissenschaften. Das logische Verhältnis von Übermaßverbot und Rationalprinzp (bzw. seinen beiden Synonymen: Effizienzprinzip und weitgefaßtes Wirtschaftlichkeitsprinzip[31]) läßt sich folgendermaßen bestimmen: Einerseits umfaßt das Rationalprinzip auch das Übermaßverbot[32]. Andererseits geht das Rationalprinzip über das Übermaßverbot hinaus[33]. Wir wollen beide Seiten nacheinander betrachten. Das Verständnis des Verhältnisses beider Prinzipien wird allerdings dadurch erschwert, daß die *rechtliche* Geltung des Übermaßverbots bisher nur für staatliche Eingriffe in Rechte der Bürger allgemein anerkannt ist[34], nicht auch für staatliche Leistungen[35], Gestaltungen, Planun-

---

[27] *Vogel,* in: Drews / Wacke / Vogel / Martens, Gefahrenabwehr, 9. Aufl., 1986, § 24, Rn. 6 (S. 389 ff.).

[28] *Lerche,* Übermaß und Verfassungsrecht, 1961.

[29] Die hier verwendete Terminologie folgt den in den vorangehenden drei Fußnoten genannten Autoren. Verbreitet ist es auch, statt von Übermaßverbot von *Verhältnismäßigkeit im weiteren Sinne* zu sprechen. Vgl. z. B. *Hirschberg,* Der Grundsatz der Verhältnismäßigkeit, 1981, 50 ff.; *Alexy,* Theorie der Grundrechte, 100 ff. mwN in Fn. 82.

[30] *Vogel,* Gefahrenabwehr, § 24, Nr. 6 (S. 389).

[31] Oben unter 1 und 2.

[32] Auf die Verwandtschaft des Übermaßverbots (Verhältnismäßigkeit iwS) und des Grundsatzes der Wirtschaftlichkeit weisen hin: *K. Vogel,* Begrenzung der Subventionen durch ihren Zweck, FS Ipsen, 1977, 539 (548); *P. Kirchhof,* VVDStRL 42, 287 (Diskussionsbeitrag); *Krebs,* Kontrolle, 188 f. mwN.

[33] Rationalprinzip und Übermaßverbot verhalten sich also wie zwei konzentrische Kreise, von denen das Rationalprinzip den größeren, das Übermaßverbot den kleineren darstellt.

[34] Dazu *Lerche,* Übermaß, 22 f.

[35] Für die Anerkennung des Übermaßverbots auch für staatliche Leistungen plädieren aber z. B. *Wolff / Bachof,* Verwaltungsrecht III, § 138 V, Rn. 25 - 27; neuerdings

gen und für die innere staatliche Organisation und das Verfahren, auf die das Wirtschaftlichkeitsprinzip herkömmlicherweise vornehmlich bezogen wird. Die überkommenen Unterschiede in den rechtlichen Geltungsschwerpunkten von Übermaßverbot und Wirtschaftlichkeitsgebot können jedoch nicht verdecken, daß es sich in allen Fällen *begrifflich* um Ausprägungen des allgemeinen Rationalprinzips handelt[36]. Dies kann in drei Schritten dargelegt werden:

(1) Zunächst ist festzuhalten, daß das Übermaßverbot (und seine Teile: Erforderlichkeit (einschließlich Eignung) und Verhältnismäßigkeit ieS) begrifflich keinesfalls auf die Entscheidung von Kollisionen zwischen Kollektivinteressen und Individualinteressen beschränkt ist (sind), wie das überkommene rechtliche Verständnis des Übermaßverbots es zunächst nahelegt; vielmehr läßt es sich verallgemeinern und auf alle Zwecke (Werte) beziehen, die der öffentliche Entscheider zu berücksichtigen hat. Dann zeigt sich: Das Übermaßverbot ist begrifflich universell anwendbar, auch auf Nicht-Eingriffsbereiche[37].

(2) Formuliert man die durch bestimmte Maßnahmealternativen erreichbaren Wertverbesserungen und in Kauf zu nehmenden Werteinbußen in den allgemeinen Kategorien „Kosten" und „Nutzen", dann wird weiter deutlich, daß das Übermaßverbot einen Teilbereich des allgemeinen Wirtschaftlichkeitsgrundsatzes (verstanden als Rationalprinzip) abdeckt: Eine Maßnahme, die *ungeeignet* ist, das anvisierte Ziel zu erreichen, ist unwirtschaftlich, weil die für diese Maßnahme benötigten Kosten nutzlos sind und deshalb besser auf anderes, Nutzen Versprechendes verwendet worden wären. Nicht erforderliche Maßnahmen, die dadurch gekennzeichnet sind, daß der gleiche Nutzen auch mit dem geringerem Aufwand hätte erzielt werden können, sind unwirtschaftlich, weil ein Teil der Kosten, nämlich der zur Erzielung des gewünschten Nutzens nicht erforderliche, überflüssig ist. Mangelnde Erforderlichkeit ist gleichbedeutend mit mangelnder Sparsamkeit. Unwirtschaftlichkeit liegt schließlich auch vor, wenn der Aufwand einer Maßnahme ihren Ertrag übersteigt, also außer Verhältnis zum Ertrag steht. Die Feststellung, daß *Übermäßiges immer auch irrational (unwirtschaftlich)* ist, ist von großer praktischer Bedeutung,

---

auch *Haverkate,* Rechtsfragen des Leistungsstaats, 1983. Dazu, daß das Übermaßverbot die Beschränkung auf die Rolle eines bloßen Eingriffsmaßstabs allmählich abstreift und inzwischen ebenso Vorgänge der gestaltenden, leistenden und planenden Staatstätigkeit dem Übermaßverbot unterworfen werden, neben *Haverkate,* a.a.O., 11 ff., *Hirschberg,* Der Grundsatz der Verhältnismäßigkeit, 1981, 28, 73 f., neuestens auch *Schmidt-Aßmann,* Der Rechtsstaat, in: Isensee / Kirchhof (Hg.), Handbuch des Staatsrechts, Bd. 1, 1987, § 24, Rn. 87; jeweils mwN. Vgl. auch unten XIV 6 a, ee.

[36] Für Eingriffe in den Grundrechtsbereich wird dies auch deutlich, wenn *Krebs* das Übermaßverbot der Grundrechtsdogmatik dahingehend formuliert, daß „staatliche Maßnahmen unzulässig sind, deren Gemeinwohl,nutzen' nicht die Grundrechts,kosten' rechtfertigen." (*Krebs,* Kontrolle, 188).

[37] Vgl. auch die in beiden vorangehenden Fußnoten Genannten.

nicht nur, weil das Übermaßverbot ein den Juristen vertrauter Maßstab ist, sondern vor allem auch deshalb, weil mit Hilfe des Übermaßverbots Fälle von Unwirtschaftlichkeit praktisch noch am relativ leichtesten festgestellt werden können.

(3) Das Gebot der Wirtschaftlichkeit geht andererseits begrifflich über die Gebote der Erforderlichkeit (einschließlich der Geeignetheit) und der Verhältnismäßigkeit hinaus[38]: Das Gebot der Erforderlichkeit (einschließlich der Geeignetheit) selektiert mögliche Maßnahmen mit dem Ziel, einen bestimmten, zunächst einmal angestrebten Nutzen mit möglichst geringen Kosten zu erreichen; es ist also gleichbedeutend mit dem Minimalprinzip. Das Verhältnismäßigkeitsprinzip soll ausschließen, daß Kosten und Nutzen außer Verhältnis zueinander stehen. Das Übermaßverbot gewährleistet aber nicht, daß die Maßnahme auch *optimal* ist. Das Übermaßverbot und seine beiden Komponenten gehen von einem festen Ziel aus und prüfen die Erforderlichkeit (einschließlich der Eignung) und die Verhältnismäßigkeit[39] alternativer Maßnahmen zur Erreichung dieses mit einem bestimmten sozialen Nutzen verbundenen Ziels. Solange man den Nutzen konstant hält, bleiben mögliche Verbesserungen, die sich aus Veränderungen des Ausmaßes der Zielerreichung (und der Kosten) ergeben können, unberücksichtigt. Wer Wirtschaftlichkeit (Rationalität) erreichen will, darf sich also nicht darauf beschränken, bloß die sozialen Kosten (bei gegebenem Nutzen) zu minimieren, sondern muß auch mögliche alternative Nutzen-Kosten-Kombinationen in Betracht ziehen und die positive Differenz von Nutzen und Kosten maximieren. Das verlangt die Ergänzung des Minimal- durch das Maximalprinzip und die Berücksichtigung der weiteren, oben unter III 3b dargestellten Anforderungen. Die angestellte Optimierung ist gleichbedeutend mit der Ermittlung der wirtschaftlichen Lösung, weil auch diese dadurch gekennzeichnet ist, daß der Saldo von Nutzen und Kosten zu maximieren ist.

Daß die Berücksichtigung des Übermaßverbots noch keine optimalen, d. h. rationalen, Entscheidungen sicherstellt, zeigt sich z. B. bei polizeilichen Eingriffen, die einer gerichtlichen Übermaßkontrolle, nicht aber einer gerichtlichen Kontrolle auf Richtigkeit und Zweckmäßigkeit unterliegen[40].

---

[38] Verhältnismäßigkeit iwS (Übermaßverbot) und Wirtschaftlichkeit haben also keine identische innere Struktur, wie *Salmen* meint (*Salmen*, Wirtschaftlichkeitsprinzip, 40 ff. (54): „Deckungsgleichheit der Grundsätze der Wirtschaftlichkeit und Erforderlichkeit".)

[39] Eine Divergenz könnte auch darin liegen, daß der Verhältnismäßigkeitsgrundsatz teilweise erst ein krasses Mißverhältnis von Nutzen und Kosten ausschließt, während das Rationalprinzip schon eine Maßnahme untersagt, bei der die Kosten überhaupt höher sind als der Nutzen. Vgl. zu der entspr. Auslegung des Verhältnismäßigkeitsprinzips im Polizeirecht (oben X zu Fn. 30).

[40] So jedenfalls die herrschende Auffassung (kritisch dazu *Soell*, Das Ermessen der Eingriffsverwaltung, 1973; *Lohmann*, Die Zweckmäßigkeit der Ermessensausübung als verwaltungsrechtliches Rechtsprinzip, 1972; *Cattepoel*, Ermessen und Beurteilungs-

Es ist allerdings fraglich, wie groß der Wert dieser über das Übermaßverbot hinausgehenden theoretisch-begrifflichen Anforderungen des Wirtschaftlichkeitsprinzips für die Praxis wirklich ist angesichts des insoweit besonders großen Unsicherheitsbereichs, den die regelmäßig anzustellenden Schätzurteile und Werturteile für den Entscheider und den Kontrolleur zu belassen pflegen[41].

7. Zweckmäßigkeit

In der juristischen Dogmatik wird herkömmlicherweise zwischen Rechtmäßigkeit und Zweckmäßigkeit streng unterschieden[42], wobei allerdings regelmäßig undeutlich bleibt, was eigentlich mit Zweckmäßigkeit genau gemeint sein soll. Die Unterscheidung zwischen Rechtmäßigkeit und Zweckmäßigkeit korrespondierte ursprünglich mit derjenigen zwischen juristischer und sozialwissenschaftlicher Methodik. Rechtmäßigkeit implizierte (in moderner Terminologie ausgedrückt) konditionale Programmierung und wurde durch Sub-

---

spielraum, VerwArch 1980, 140 (142), die für eine umfassende gerichtliche Überprüfbarkeit plädieren).

Eine andere (von der gerichtlichen Kontrolle zu unterscheidende) Frage ist, ob man die Frage, ob eine andere Entscheidung zweckmäßiger, gerechter oder sinnvoller gewesen wäre, als Frage ansieht, die die Rechtmäßigkeit überhaupt nicht berührt, d. h. keine Rechtsfrage darstellt. So noch die *überkommene Auffassung*: z. B. *Ule*, Verwaltungsprozeßrecht, 9. Aufl., 1987, § 2 II (S. 17 f.); *Erichsen / Martens*, Allgemeines Verwaltungsrecht, 7. Aufl., 1986, § 12 II 2 (S. 195 f.); *Maurer*, Allgemeines Verwaltungsrecht, 5. Aufl., 1985, § 7, Rn. 10 (S. 99).

Eine *neuere Auffassung* geht dagegen davon aus, daß die Verwaltung auch bei Ermessenseinräumung keine rechtliche Freiheit besitzt. Sie sei vielmehr *rechtlich verpflichtet*, die beste, die zweckmäßigste und gerechteste Entscheidung zu treffen. Die Sorge für die Einhaltung dieser Anforderungen sei ihr jedoch *in eigener Verantwortung* übertragen. Eingeschränkt sei nicht die rechtliche Bindung der Verwaltung, sondern nur die gerichtliche Kontrolle. So z. B. *Vogel*, § 24, Nr. 2 (S. 373 ff.); *Mayer / Kopp*, Allgemeines Verwaltungsrecht, 5. Aufl., 1985, § 9 I 3 und § 9 II 1 (S. 153 f.); *Kopp*, VwGO, 7. Aufl., 1986, § 114, Rn. 1. Danach habe die Verwaltung auch bei Einräumung von Ermessen die „(einzig) richtige Lösung des einzelnen Falles" zu treffen (*Kopp*, Allgemeines Verwaltungsrecht, 154). Sie sei auf die „Erfordernisse des Gemeinwohls, der Billigkeit und Zweckmäßigkeit usw. . . . " verpflichtet. Diese Verpflichtung begründe aber „keine subjektiven Rechte des Bürgers" (*Vogel*, S. 374), sondern gehöre nur zu den „inneren Bindungen" der Verwaltung (*Vogel*, § 24, Nr. 2), im Gegensatz zu den „äußeren Bindungen", über deren Einhaltung die Gerichte zu befinden hätten (*Vogel*, § 24, Nr. 3). Die Frage der Wirtschaftlichkeit – verstanden hier offenbar im engeren Sinne –, die bei der „Ermessensausübung zwar ebenfalls zu beachten" sei, gehöre „lediglich zu den ‚inneren', von den Verwaltungsgerichten nicht zu kontrollierenden Bindungen der Ermessensausübung" (*Vogel*, S. 393). – Dazu, daß hinsichtlich des Wirtschaftlichkeitsgebots aber in anderem Zusammenhang durchaus eine gerichtliche Überprüfung möglich ist, unter XIX 2.

[41] Vgl. auch oben IX.

[42] Diese Unterscheidung findet auch im Verfahrensrecht ihren Niederschlag. Nach § 68 VwGO sind im Vorverfahren „Rechtmäßigkeit und Zweckmäßigkeit des Verwaltungsaktes" zu überprüfen. Kritisch zu dieser Unterscheidung *Soell*, Ermessen, 76 ff.; *Lohmann*, Zweckmäßigkeit, 15 ff.; jew. mwN.

sumtion ermittelt. Zweckmäßigkeit implizierte finale Programmierung und wurde durch Optimierung ermittelt. Diese Unterscheidungskriterien tragen heute nicht mehr voll und ausnahmslos, weil teilweise auch eindeutige Zweckmäßigkeitsfragen zum Bereich der Rechtmäßigkeit gerechnet werden[43]. Daher rührt es, daß der Zweckmäßigkeitsbegriff heute kaum mehr positiv definiert wird[44]. Der Zweckmäßigkeitsbegriff ist in der juristischen Dogmatik auf eine rein negative Funktion als Sammelbegriff, als Residuum, für die nichtrechtlichen (bzw. die nicht gerichtlich überprüfbaren[45]) Richtigkeitselemente der Verwaltungsentscheidung reduziert.

Die Einordnung der Wirtschaftlichkeit in diese Zweiteilung von Rechtmäßigkeit und Zweckmäßigkeit bereitet nur scheinbar Schwierigkeiten. In Wahrheit läßt die ins Schwimmen geratene *juristisch-dogmatische* Unterscheidung von Rechtmäßigkeit und Zweckmäßigkeit die *begriffliche* Einordnung der Wirtschaftlichkeit nämlich unberührt[46], und diese kann ganz klar vorgenommen werden: Zweckmäßigkeit meint das Handeln gemäß gesetzten Zwecken und ihre möglichst weitgehende (optimale) Verwirklichung[47]. Auch Wirtschaftlichkeit im weiteren Sinne, verstanden als Rationalität, verlangt optimale Entscheidungen. Alle maßgeblichen Zwecke sind optimal (was natürlich nicht gleichbedeutend ist mit „maximal"[48]) zu verwirklichen. Man kann deshalb sagen: Wirtschaftlichkeit und umfassende Zweckmäßigkeit im Sinne eines Handelns gemäß den gesetzten Zwecken und ihrer optimalen Verwirklichung laufen auf das gleiche hinaus. Überprüfung auf Wirtschaftlichkeit *ist* Überprüfung auf Zweckmäßigkeit[49].

Berücksichtigt man, daß das Wirtschaftlichkeitsprinzip ein *Rechts*prinzip darstellt (wobei die genaue begriffliche Abgrenzung hier noch offen bleiben kann), so haben die soeben getroffenen Feststellungen zwangsläufig Auswir-

---

[43] So wird z. B. die Einhaltung der Grundsätze des Übermaßverbots (Erforderlichkeit einschließlich Eignung und Verhältnismäßigkeit ieS) bei der Eingriffsverwaltung mit Ermessensspielraum von der herrschenden Auffassung nicht dem Bereich der Zweckmäßigkeit zugerechnet, da die Einhaltung des Übermaßverbots bei der Eingriffsverwaltung mit Ermessensspielraum als Rechtsfrage angesehen wird, die auch der gerichtlichen Überprüfung unterliegt.

[44] Exemplarisch *Ule, Erichsen / Martens* und *Maurer,* oben X Fn. 40.

[45] Zu dieser Unterscheidung oben X Fn. 40.

[46] Vgl. auch *Haverkate,* Rechtsfragen des Leistungsstaates, 32 ff.

[47] Ob und inwieweit der Begriff „Zweckmäßigkeit" darüber hinaus auch das Setzen von Zwecken umfaßt, kann hier unerörtert bleiben.

[48] Oben III vor 1.

[49] So auch *Susanne Tiemann,* Die staatsrechtliche Stellung der Finanzkontrolle des Bundes, 1974, 84 f.; *Maunz,* Art. 114 GG, Rn. 51; *Zavelberg,* Staatliche Rechnungsprüfung und Erfolgskontrolle, 103. Daß die Wirtschaftlichkeitskontrolle die Prüfung der Zweckmäßigkeit im Ermessensbereich umfaßt, hat auch das *Bundessozialgericht* mit aller Klarheit ausgesprochen (BSG, 23. 11. 1981, BSGE 52, 284/298). Aus wirtschaftswissenschaftlicher Sicht *Eichhorn,* Verwaltungshandeln und Verwaltungskosten, 11 ff.

kungen auf den Umfang der rechtlichen Bindung und der gerichtlichen Kontrolle der Exekutive und evtl. auch der Gesetzgebung und damit auf die *juristisch-dogmatische* Grenzziehung zwischen Rechtmäßigkeit und Zweckmäßigkeit. Daß *ein Teil* des eigentlich der Zweckmäßigkeit zugehörenden Bereichs von der juristischen Dogmatik bereits als rechtlich gebunden und gerichtlich kontrolliert angesehen und deshalb in der (nur negativ abgrenzenden) juristisch-dogmatischen Terminologie nicht mehr der „Zweckmäßigkeit" (sondern nunmehr der Rechtmäßigkeit) zugerechnet wird, wurde schon erwähnt. Hinzu kommt nun aber etwas weiteres, mit dem die juristische Dogmatik erst noch fertigwerden muß: Auch der Wirtschaftlichkeitsgrundsatz stellt ein *Rechts*gebot dar. Soweit die durch den Wirtschaftlichkeitsgrundsatz begründete Rechtsbindung reicht, trifft die überkommene Entgegensetzung von Rechtmäßigkeit und Zweckmäßigkeit nicht mehr zu. Soweit Zweckmäßigkeit und Wirtschaftlichkeit (als rechtlich bindender Grundsatz) sich decken, kann Zweckmäßigkeit nicht mehr in einen juristisch-dogmatischen Gegensatz zur Rechtmäßigkeit gestellt werden. Die rechtliche Bindung wird entsprechend erweitert[50].

8. Gemeinwohl

Auch der Begriff des Gemeinwohls hat eine enge Beziehung zum Begriff der Wirtschaftlichkeit. Dem Begriff des Gemeinwohls werden allerdings unterschiedliche Inhalte zugeordnet. Oft wird darunter immer noch die Summe von öffentlichen Interessen verstanden, die im Konflikt mit Freiheitsrechten der Bürger abgewogen werden müssen[51]. Dieser Begriff ist zu eng. Das gilt jedenfalls, wenn man den *grundgesetzlichen* Begriff des Gemeinwohls, auf den es hier allein ankommt, zugrundelegt. Der grundgesetzliche Gemeinwohlbegriff ist insofern ein umfassender, als er die Freiheit der Menschen mit einbegreift[52]. Auch dem Gemeinwohlkonzept des Grundgesetzes liegt das gedankliche Bild einer sozialen Nutzen- und Kostenrechnung zugrunde, die sozusagen zu optimieren ist[53]. Gemeinwohl setzt deshalb Rationalität voraus. Unwirtschaftliche Maßnahmen *sind* gemeinwohlwidrig. Das bedeutet allerdings nicht, daß die Anforderungen an Gemeinwohl und Wirt-

---

[50] Die Erweiterung der rechtlichen Bindung braucht allerdings nicht unbedingt auch die *gerichtliche* Kontrolle zu umfassen (vgl. zu dieser Unterscheidung oben X Fn. 40 und unten XIX, XX). Zur weitergehenden Kontrolle durch den Rechnungshof unten XIV 8.

[51] So z. B. *Otto Mayer*, Deutsches Verwaltungsrecht, 1. Bd., 3. Aufl., 1924, 99.

[52] Näheres bei *v. Arnim*, Staatslehre, 127 ff. mwN. Vgl. auch oben VIII Fn. 11.

[53] Vgl. auch *Kriele*, Das demokratische Prinzip im Grundgesetz, VVDStRL 29, 51: Man muß die Alternativen „vergleichen, die voraussichtlichen Konsequenzen für das praktische, menschliche, wirtschaftliche, soziale Leben abschätzen und diejenigen wählen, die bei unparteiischer Abwägung der begünstigenden und benachteiligenden Wirkungen die relativ geringsten Nachteile und die größten Vorteile mit sich bringt." Dazu, daß Formulierungen dieser Art logisch an sich nicht ganz korrekt sind, oben III, vor 1.

schaftlichkeit identisch seien, auch dann nicht, wenn man den Begriff der Wirtschaftlichkeit weit, d. h. im Sinne von Rationalität (oben 2), versteht. Der verfassungsrechtliche Gemeinwohlbegriff umfaßt auch die Festlegung des Staates und seiner Organe auf bestimmte – wenn auch gelegentlich sehr weite und unbestimmte – Ziele (oben VIII) und schließt andere Ziele als gemeinwohlwidrig aus[54].

Beispiel:

Gibt die Bundesregierung staatliche Finanzmittel für Wahlpropaganda aus, um die Position der Regierungspartei im Wettbewerb mit der Opposition zu verbessern, so könnte diese Maßnahme durchaus geeignet, erforderlich, verhältnismäßig und auch im übrigen wirtschaftlich in bezug auf das anvisierte Ziel sein – wenn das Ziel nur zulässigerweise von der Regierung verfolgt werden dürfte. Eben dies ist aber nicht der Fall. Die Regierung darf staatliche Mittel nicht parteiergreifend verwenden[55].

Während der Begriff der Rationalität ein offener, nicht an bestimmte Ziele gebundener, formaler ist (oben IV und VI) ist der grundgesetzliche Gemeinwohlbegriff ein wertgebundener, materialer, dem die Bindung an bestimmte Ziele wesenseigen ist. Das grundgesetzliche Gemeinwohl verlangt zwar Rationalität, erschöpft sich aber nicht darin. Gemeinwohl verlangt mehr als (bloß formale) Rationalität (= Wirtschaftlichkeit). Die Anforderungen des Gemeinwohls und der Wirtschaftlichkeit stehen somit zueinander wie zwei konzentrische Kreise: Alles, was unwirtschaftlich (= nicht rational) ist, ist auch gemeinwohlwidrig, aber nicht alles, was gemeinwohlwidrig ist, ist auch unbedingt unwirtschaftlich[56].

---

[54] Zur Frage der rechtlichen Bindung des Staates an die Erfordernisse des Gemeinwohls unten XIV 6.

[55] BVerfGE 44, 125.

[56] Das im Text beschriebene Verhältnis von Rationalität und Gemeinwohl gilt nur solange, als man am formalen, offenen, nicht wertgebundenen Begriff der Wirtschaftlichkeit festhält. Gibt man diesen Ausgangspunkt auf, so kann man Gemeinwohl auch als eine Art materialer Rationalität kennzeichnen. Dazu oben VIII.

XI. Wirtschaftlichkeitsprinzip
als Bindungsnorm und Kontrollmaßstab

1. Überblick

Das Wirtschaftlichkeitsprinzip, wie es z. B. in § 7 I BHO/LHO für Bund und Länder und in den Gemeinde-, Kreisordnungen und sonstigen Vorschriften für die Kommunen niedergelegt ist, enthält nicht nur einen unverbindlichen Appell politischer oder moralischer Natur. Es handelt sich nicht um einen bloßen Programmsatz, sondern um eine rechtlich verbindliche Norm. Unwirtschaftliches Handeln beim Haushaltsvollzug und bei der Haushaltsaufstellung[1] *ist* grundsätzlich rechtswidrig[2]. Insofern besteht zwischen Wirtschaftlichkeit und Rechtmäßigkeit kein Gegensatz mehr[3]. Dieses Verständnis entspricht der heute herrschenden Lehre[4]. Allerdings lebt in manchen Gesetzestexten der frühere Zustand, als das Wirtschaftlichkeitsgebot noch kein Rechtsprinzip war und zwischen unwirtschaftlichen und rechtswidrigen Entscheidungen unterschieden werden mußte, noch fort. So differenziert § 42 I GemO Rheinland-Pfalz seinem Wortlaut nach zwischen rechtswidrigen Beschlüssen und solchen Beschlüssen, die die Grundsätze der Wirtschaftlichkeit verletzen. Das Oberverwaltungsgericht Rheinland-Pfalz hat jedoch schon bei Auslegung der insoweit gleichlautenden Vorgängervorschrift (§ 44 GO Rheinland-Pfalz a. F.) mit Recht unterstrichen, daß beide Alternativen „nur besondere Erscheinungsformen des Verstoßes gegen die Rechtsordnung darstellen", weshalb die Rechtsaufsichtsbehörde befugt ist, einen „Beschluß des Gemeinderats wegen Verletzung von Grundsätzen der Wirtschaftlichkeit zu beanstanden"[5].

Das Wirtschaftlichkeitsprinzip *bindet* nicht nur die Akteure, insbes. die Verwaltung bei Ausführung des Haushalts und den Haushaltsgeber bei Aufstellung des Haushaltsplans (§ 7 I BHO/LHO und die entsprechenden kom-

---

[1] Näheres unten XIII und XIV.

[2] Dies gilt z. B. auch für unwirtschaftliches Handeln von gesetzlichen Krankenkassen (§ 69 II SGB IV). Dazu sehr klar die oben unter III 7 b angeführte Entscheidung des BSG v. 29. 2. 1984 (BSGE 56, 197/198).

[3] Dazu im einzelnen unten XVII.

[4] Statt vieler *Piduch*, § 7 BHO, Rn. 1.2. Aus dem Kommunalrecht *Kunze / Bronner / Katz / v. Rotberg*, Gemeindeordnung für Baden-Württemberg, Kommentar, 4. Aufl., Loseblatt, Stand Januar 1987, § 77, Rn. 36 mwN; *Wolff / Bachof*, Verwaltungsrecht III, 4. Aufl., 1978, 438; *Pagenkopf*, Kommunalrecht II, 2. Aufl., 1976, 295 f.

[5] OVG Rheinland-Pfalz, 1. 7. 1974, AS 13 (1976), 412 (412 f.); bestätigt durch OVG Rheinland-Pfalz, 18. 9. 1979, DVBl. 1980, 767 (768).

munalrechtlichen Bestimmungen); das Wirtschaftlichkeitsprinzip ist auch Maßstab für die *Kontrolle* durch die Rechnungshöfe und die kommunalen Finanzkontrolleinrichtungen. Das Wirtschaftlichkeitsprinzip ist nicht nur Handlungsnorm, d. h. den Handelnden bindende Norm: *Bindungsnorm*. Das Wirtschaftlichkeitsprinzip ist vielmehr auch *Kontrollnorm*. In den einschlägigen Gesetzen sind beide Normkategorien an verschiedenen Stellen untergebracht. So findet sich in der Bundeshaushaltsordnung das Wirtschaftlichkeitsprinzip als Bindungsnorm in § 7 I BHO, das Wirtschaftlichkeitsprinzip als Kontrollmaßstab für den Bundesrechnungshof dagegen in § 90 Nrn. 3 und 4 BHO. Die theoretische und begriffliche Unterscheidung zwischen Bindungs- und Kontrollnorm hat hier allerdings keine praktischen Konsequenzen, weil § 90 BHO für die Kontrolle pauschal Bezug nimmt auf die bestehenden Bindungsnormen. („Die Prüfung erstreckt sich auf die Einhaltung der für die Haushalts- und Wirtschaftsführung geltenden Vorschriften und Grundsätze, insbesondere ...").

Die Unterscheidung wird jedoch relevant, wenn Bindungs- und Kontrollnorm voneinander abweichen. Hier sind *zwei* Fälle denkbar: (a) Die rechtliche Bindung einer Norm kann weitergehen als die Kontrolle. Diese Möglichkeit ist in der rechtswissenschaftlichen Diskussion anerkannt[6]. Beispiele hinsichtlich der Wirtschaftlichkeit finden sich im Kommunalrecht und werden sogleich unter 2 erläutert. (b) Denkbar ist es aber auch, daß die Kontrollnorm weitergeht als die Bindungsnorm. (Dazu unten XIV 8).

2. Das Beispiel Kommunalrecht

Im folgenden soll die mögliche Divergenz zwischen Wirtschaftlichkeitsprinzip als Bindungsnorm und als Kontrollmaßstab am Beispiel des Kommunalrechts dargestellt werden. Festzuhalten ist zunächst, daß die Kommunen, insbes. die Gemeinden und Landkreise, an das Wirtschaftlichkeitsprinzip rechtlich *gebunden* sind; das gilt nicht nur für die Kommunalverwaltungen ieS, sondern auch für die kommunalen Volksvertretungen (unten XII). Das Wirtschaftlichkeitsprinzip ist hier also Bindungsnorm. Was das Wirtschaftlichkeitsprinzip als Kontrollnorm anbelangt, so ist zwischen der Kontrolle durch die staatlichen Rechtsaufsichtsbehörden (dazu soeben unter 1) und der Finanzkontrolle durch besondere Einrichtungen zu unterscheiden. Hier sollen nur die letzteren behandelt werden. Voraussetzung ist allerdings, daß man sich zunächst einen kurzen Überblick über die Organisation der kommunalen Finanzkontrolle verschafft.

---

[6] Vgl. *v. Arnim*, Staatslehre, 240 mwN; *Bryde*, Verfassungsentwicklung, 1982, 335; *Schlaich*, Das Bundesverfassungsgericht, 1985, 224 ff. mwN; *Rupp*, Politische Anforderungen an eine zeitgemäße Gesetzgebungslehre, in: Schreckenberger (Hg.), Gesetzgebungslehre, 1986, 42 (52).

Die kommunale Finanzkontrolle[7] weist insofern eine Besonderheit auf, als die Kommunen einer zweifachen Kontrolle unterliegen, einer örtlichen und einer überörtlichen. Im Rahmen der örtlichen Prüfung spielt das Rechnungsprüfungsamt, welches Kreise und größere Gemeinden einzurichten haben, eine zentrale Rolle. Die überörtliche Prüfung ist unterschiedlich organisiert[8]. In den meisten Bundesländern liegt sie in der Hand von Gemeindeprüfungsämtern, in Baden-Württemberg wird sie von einer Prüfungsanstalt, in Bayern von einem Prüfungsverband ausgeübt; in Rheinland-Pfalz und Schleswig-Holstein wird sie von den Landesrechnungshöfen miterfüllt.

Zu den Aufgaben der *örtlichen Rechnungsprüfung* gehört neben der Haushaltskontrolle (ob Haushaltsplan eingehalten) und der Rechnungskontrolle (ob Rechnungsbeträge ordnungsmäßig belegt) durchweg auch eine Gesetzmäßigkeitsprüfung. Nach der Formulierung in den meisten Gemeindeordnungen hat die örtliche Kontrolle (als „Pflichtaufgabe") zu prüfen, ob „bei den Einnahmen und Ausgaben" nach dem Gesetz und sonstigen Vorschriften verfahren worden ist[9]. Diese Prüfung erfolgt im Rahmen der Prüfung der Jahresrechnung. Es ist fraglich, ob damit wirklich eine allgemeine Prüfung der Rechtmäßigkeit der Haushalts- und Wirtschaftsführung der Kommune gemeint ist, wie sie § 90 BHO/LHO für die Prüfung der Staatsfinanzen durch die Rechnungshöfe vorsieht[10]; die Frage kann hier auf sich beruhen.

Eine Dimension der Rechtmäßigkeit der Kommunalverwaltung steht jedenfalls nach den meisten Gemeindeordnungen nicht zur örtlichen Prüfung, nämlich die „Wirtschaftlichkeit der Verwaltung". Dies kommt darin zum Ausdruck, daß die Prüfung der „Wirtschaftlichkeit der Verwaltung" bzw. der „Organisation und Wirtschaftlichkeit der Verwaltung" den Rechnungsprüfungsämtern meist nicht als Pflichtaufgabe zugewiesen ist, sondern sie ihnen lediglich als weitere Aufgaben von bestimmten Gemeindeorganen übertragen werden kann (Kann-Aufgabe)[11].

Die Gemeindeordnungen gehen in jenen Ländern also davon aus, eine Wirtschaftlichkeitskontrolle durch die örtlichen Finanzkontrolleinrichtungen finde nicht statt. Die Kontrollnorm bleibt hinter der Bindungsnorm zurück.

---

[7] Dazu *Neitz*, Die kommunale Rechnungsprüfung, Göttinger Jur. Diss. 1969; *Siedentopf / Grunwald*, Die kommunale Rechnungsprüfung, 1976; *v. Arnim*, Wirksame Finanzkontrolle bei Bund, Ländern und Gemeinden, 1978, 45 ff.

[8] *Siedentopf / Grunwald*, Die kommunale Rechnungsprüfung, 56 ff.

[9] Diese oder ähnliche Formulierungen in: § 110 I Nr. 2 GO BW; § 128 I Nr. 3 HGO; § 120 I Nr. 3 NGO; § 99 I Nr. 3 GO NW; § 112 I Nr. 3 GemO RP; § 119 I Nr. 3 KSVG Sa; § 94 I Nr. 3 GO SH.

[10] Eine eindeutige, § 90 BHO/LHO entsprechende Regelung findet sich in Bayern (Art. 106 I Bay GO).

[11] So § 112 II Nr. 1 GO BW; § 131 II Nr. 4 HGO; § 119 Nr. 2 NGO; § 102 II Nr. 3 GO NW; § 118 II Nr. 2 KSVG Sa. – Nur in Bayern (Art. 106 I Nrn. 3, 4), Rheinland-Pfalz (§ 112 I Nr. 4) und Schleswig-Holstein (§ 116 I Nr. 4) gehört die Prüfung der Wirtschaftlichkeit der Verwaltung zu den Pflichtaufgaben der örtlichen Finanzkontrolle.

Bei der *überörtlichen Prüfung* der Kommunen ist die *Gesetzmäßigkeitsprüfung* in allen Bundesländern seit jeher eine wesentliche Aufgabe[12]. Dies wird in allen Gemeindeordnungen klargestellt. Danach ist (überörtlich) zu prüfen, ob bei der Haushalts- und Wirtschaftsführung sowie beim Rechtswesen und der Vermögensverwaltung der Gemeinden die gesetzlichen Vorschriften eingehalten sind[13]. Die allgemeine Rechtmäßigkeit umfaßt grundsätzlich auch die Prüfung der Wirtschaftlichkeit der Verwaltung (sog. Wirtschaftlichkeits- und Organisationsprüfung), da Verstöße gegen die Grundsätze der Wirtschaftlichkeit der Organisation und des Verfahrens der Verwaltung – angesichts der umfassenden rechtlichen Bindung der Kommunen an die Grundsätze der Wirtschaftlichkeit – Rechtsverstöße sind. Dementsprechend ist in den meisten Gemeindeordnungen klargestellt, daß die überörtliche Prüfung auch die Wirtschaftlichkeit der Organisation der Verwaltung erfaßt[14].

Dagegen wird in Nordrhein-Westfalen die Prüfung der Wirtschaftlichkeit der Verwaltung der überörtlichen Prüfung durch § 103 II GO NW vorenthalten[15]. Hier fallen Bindungsnorm und Kontrollnorm also ebenfalls auseinander. Die Bindung der Gemeinde geht weiter als die Kontrolle durch die überörtlichen Prüfungseinrichtungen.

---

[12] *Neitz,* Die kommunale Rechnungsprüfung, 359.

[13] So oder ähnlich die Formulierungen in § 114 I GO BW; Art. 106 I Bay GO; § 121 III Nr. 1 NGO; § 103 I GO NW; § 110 IV GemO RP; § 11 I 1, 2 iVm § 90 LHO RP; § 120 I Nr. 1 KSVG Sa; § 5 I KPG SH.

[14] So in Bayern (Art. 106 I Nrn. 3 und 4); Niedersachsen (§ 121 III Nr. 3); Rheinland-Pfalz (§ 110 IV GemO, § 111 I 1, 2 iVm § 90 Nrn. 3, 4 LHO) und Schleswig-Holstein (§ 5 I Ziff. 3 KPG).

[15] § 103 II GO NW lautet: „Fragen, bei denen das Gesetz die Entscheidung dem eigenen Ermessen der Gemeinde überläßt, insbesondere Fragen der Organisation und Zweckmäßigkeit der Verwaltung, unterliegen nicht der überörtlichen Prüfung." Diese Vorschrift wird im allgemeinen dahin verstanden, die Überprüfung der Wirtschaftlichkeit der Verwaltung gehöre nicht zu den Aufgaben der überörtlichen Rechnungsprüfung. Dies gilt auch nach der neuesten Fassung der Vorschrift, durch die sie den angeführten Wortlaut erhalten hat.

XII. Wirtschaftlichkeitsprinzip im Kommunalrecht

Im Kommunalrecht finden sich unterschiedliche Formulierungen des Wirtschaftlichkeitsgebots. Die Standardformel lautet:

„Die Haushaltswirtschaft ist sparsam und wirtschaftlich zu führen."[1]

In den meisten Gemeindeordnungen (und entsprechendes gilt z. B. für die Kreisordnungen) ist also davon die Rede, daß die Haushaltswirtschaft wirtschaftlich *zu führen* sei; anders allerdings in Bayern und Rheinland-Pfalz:

Art. 61 II Bay GO: „Die Haushaltswirtschaft ist sparsam und wirtschaftlich zu planen und zu führen."

§ 93 II GemO RP: „Der Haushaltsplan ist nach den Grundsätzen der Sparsamkeit und Wirtschaftlichkeit aufzustellen und auszuführen."

Man könnte versucht sein, aus der ausdrücklichen Bindung auch der Planung der Haushaltswirtschaft in Bayern und der Aufstellung des Haushaltsplans in Rheinland-Pfalz per argumentum e contrario den Schluß zu ziehen, in anderen Ländern gelte das Wirtschaftlichkeitsprinzip nur für die *Ausführung* des Haushaltsplans, nicht auch für die *Aufstellung*. Ein solches Ergebnis wäre allerdings schon deshalb überraschend, weil Bund und Länder auch bei der Aufstellung des Haushaltsplans an das Wirtschaftlichkeitsprinzip gebunden sind (§ 6 I HGrG, § 7 I BHO/LHO)[2].

Das richtige Ergebnis ergibt sich für die Kommunen aus dem Begriff der *Haushaltswirtschaft*. Er umfaßt (wie in Art. 109 II GG) alle Phasen des Haushaltskreislaufs: Vorbereitung, Aufstellung, Beschlußfassung und Ausführung des Haushalts. Deshalb erstreckt sich das Wirtschaftlichkeitsgebot nicht nur auf die Ausführung, sondern auch auf die Aufstellung des Haushalts und seine Feststellung durch den Gemeinderat[3].

---

[1] So § 77 II GO BW, § 92 II HGO, § 82 II NGO, § 62 II GO NW, § 80 II KSVG Sa. – Eine geringfügige Abweichung findet sich in § 75 GO SH: „Die Haushaltswirtschaft ist nach den Grundsätzen der Wirtschaftlichkeit und Sparsamkeit zu führen." In Bremerhaven gibt es keine einschlägige Bestimmung.

[2] Dazu sogleich unter XIII.

[3] Im Ergebnis, soweit ersichtlich, unbestritten. Statt aller: *Pagenkopf,* Kommunalrecht II, 296: Die Grundsätze der Wirtschaftlichkeit und Sparsamkeit wenden sich „an die Adresse der Legislative und der Exekutive".

XIII. Bindung des staatlichen Haushaltsgebers an das Wirtschaftlichkeitsprinzip

1. §§ 6 I HGrG, 7 I BHO/LHO (Wirtschaftlichkeit)

Nach §§ 6 I HGrG, 7 I BHO/LHO sind bei „Aufstellung und Ausführung des Haushaltsplans" die Grundsätze der Wirtschaftlichkeit und Sparsamkeit zu beachten. Während bis zur Haushaltsrechtsreform eine ausdrückliche Rechtspflicht zu wirtschaftlichem Handeln nur für den Haushalts*vollzug* bestand (vgl. § 26 RHO), hat der Gesetzgeber bei der Reform des Haushaltsrechts die Geltung dieser Verpflichtung bewußt auch auf die *Aufstellung* des Haushaltsplans ausgedehnt[1]. §§ 6 I HGrG, 7 I BHO/LHO begründen nicht nur eine Bindung der *Exekutive* bei Vorbereitung und Ausführung des Haushaltsplans, sondern auch die Bindung des *parlamentarischen Haushaltsgebers* bei seiner durch Haushaltsgesetz erfolgenden Feststellung des Haushaltsplans (Art. 110 II GG)[2]. Davon geht auch die Literatur ohne weiteres aus[3]. Der Bundes- oder Landeshaushaltsgeber, der gegen den Wirtschaftlichkeitsgrundsatz verstößt, handelt rechtswidrig[4]. Die entsprechenden Bestimmungen des Haushaltsplans sind rechtswidrig[5].

---

[1] Vgl. die Begründung zu § 6 Abs. 1 (im Entwurf § 7 Abs. 1) HGrG, BT-Drucks. V/3040, S. 48 (Tz. 148).

[2] Zur Geltung des *Haushaltsgrundsätzegesetzes* für die Haushalts*gesetze A. Möller* (Hg.), StabG, 2. Aufl., 1969, Art. 109 III GG, Rn. 12; *Breuer,* Selbstbindung des Gesetzgebers, DVBl. 1970, 101 (103); *Püttner,* Unterschiedlicher Rang der Gesetze, DÖV 1970, 322 (324); *B. Tiemann,* Die Grundsatzgesetzgebung im System der verfassungsrechtlichen Gesetzgebungskompetenzen, DÖV 1974, 229 (334 f.); *Maunz,* Art. 109 GG, Rn. 52; *Heuer,* Art. 109 GG, Rn. 10. Zur Geltung der *Bundeshaushaltsordnung* bzw. der Landeshaushaltsordnungen für die Haushalts*pläne* Maunz / Dürig / Herzog / Scholz, Art. 20 GG, Rn. 125; *v. Portatius,* Das haushaltsrechtliche Bepackungsverbot, 1975, 101 f.; *Mußgnug,* Der Haushaltsplan als Gesetz, 1976, 302 ff. (Prinzip der Subordination des Haushaltsplans unter die Gesetze).

[3] *Dommach,* § 7 BHO, Rn. 1: „Die Grundsätze sind sowohl von der Legislative bei der Aufstellung als auch von der Exekutive bei der Ausführung des Haushaltsplans zu beachten". Vgl. auch *ders.,* § 7 BHO, Rn. 2 und 3; *Grupp,* DÖV 1983, 661 (662). Vgl. auch *Vogel / Kirchhof,* BK, Art. 114, Rn. 95.

[4] Damit ist aber die Frage, ob der Haushaltsgeber auch hinsichtlich des sonstigen Inhalts des Haushaltsgesetzes (neben der Feststellung des Haushaltsplans) an das Wirtschaftlichkeitsprinzip gebunden ist, noch nicht beantwortet.

[5] Eine Vertiefung dieser Fragen erscheint hier deshalb unerläßlich, weil sich eine Bindung auch der Legislative an das Wirtschaftlichkeitsprinzip u.E. ohnehin aus Verfassungsrecht ergibt. Dazu sogleich unter XIV.

2. §§ 5 HGrG, 6 BHO/LHO (Notwendigkeit)

Nach §§ 5 HGrG, 6 BHO/LHO sind bei Aufstellung (und Ausführung) des Haushaltsplans nur die Ausgaben und die Verpflichtungsermächtigungen zu berücksichtigen, die zur Erfüllung der Aufgaben des Bundes *notwendig* sind. Bei diesen Bestimmungen, die auch den Haushaltsgeber binden[6], handelt es sich nur um die Hervorhebung einer Erscheinungsform des Wirtschaftlichkeitsgrundsatzes[7]. Denn wenn Wirtschaftlichkeit in der Optimierung einer Zweck-Mittel-Relation besteht, ist die Veranschlagung (und Verausgabung) von Geldmitteln, die nicht notwendig sind, offenbar ein besonders krasser Fall von unzweckmäßiger und damit unwirtschaftlicher Haushaltswirtschaft (vgl. auch oben X 5).

3. §§ 14 HGrG, 23 BHO/LHO (Veranschlagung von Subventionen)

Nach diesen Bestimmungen dürfen Zuwendungen (= Ausgaben und Verpflichtungsermächtigungen für Leistungen an Stellen außerhalb der Bundes- bzw. Landesverwaltung zur Erfüllung bestimmter Zwecke) nur veranschlagt werden, wenn der Bund bzw. das Land an der Erfüllung durch solche Stellen ein erhebliches Interesse hat, das ohne die Zuwendung nicht oder nicht im notwendigen Umfang befriedigt werden kann. Die Bestimmungen, die eine besondere Ausprägung des Wirtschaftlichkeitsprinzips darstellen, binden auch den Haushaltsgeber[8]. Es handelt sich wie beim Wirtschaftlichkeitsgrundsatz insgesamt um echte objektivrechtliche Rechtsnormen[9]. Die Vorschriften erfahren allerdings eine empfindliche Einschränkung ihrer praktischen Bedeutung, weil als „Zuwendungen" iSd § 23 BHO/LHO solche Leistungen nicht gelten, die auf gesetzlicher Verpflichtung beruhen[10].

---

[6] *Dommach,* § 6 BHO, Rn. 3.

[7] Gleiches gilt für §§ 19 II 1 HGrG, 34 II 1 BHO/LHO, wonach Ausgaben nur soweit und nicht eher geleistet werden dürfen, als sie zur wirtschaftlichen und sparsamen Verwendung „erforderlich" sind.

[8] *Dommach,* § 23 BHO, Rn. 7 ff.

[9] Unten XIX. Unzutreffend *Haverkate,* Leistungsstaat, 171.

[10] *Piduch,* § 23 BHO, Rn. 4; *Dommach,* § 23 BHO, Rn. 1, 2; *Heuer,* § 91 BHO, Rn. 6.

XIV. Wirtschaftlichkeit als Verfassungsprinzip

1. Keine Grundrechtsfähigkeit des Staates (einschließlich der Kommunen)

Bevor wir im folgenden der Frage nachgehen, ob der Wirtschaftlichkeitsgrundsatz Verfassungsrang besitzt, muß die Vorfrage geklärt werden, ob die öffentliche Hand sich nicht ihrerseits auf Grundrechte berufen kann. Die grundrechtliche Freiheit ist grundsätzlich Freiheit zur Beliebigkeit; sie würde durch Anforderungen der Wirtschaftlichkeit zumindest beeinträchtigt. Soweit auch der Staat Grundrechtsträger sein könnte, bestände somit leicht ein Spannungsverhältnis zwischen grundrechtlicher Freiheit und Wirtschaftlichkeitsgebot. Dies zeigt die Relevanz der Frage nach der Grundrechtsfähigkeit des Staates (einschließlich der Kommunen) in unserem Zusammenhang.

Während Literatur und Rechtsprechung zunächst schwankten[1], darf die Frage heute als geklärt angesehen werden: Schon bisher ging man aufgrund der Rechtsprechung des *Bundesverfassungsgerichts* auch in der Literatur ganz überwiegend davon aus, der Staat und seine Untergliederungen seien nicht grundrechtsfähig[2].

Das gilt auch für Unternehmen in öffentlicher Hand, jedenfalls, soweit sie öffentliche Aufgaben erfüllen, und zwar unabhängig davon, ob die Betätigung in der Form des öffentlichen Rechts erfolgt oder ob die öffentliche Hand sich eines privatrechtlich organisierten Unternehmens, etwa zur Wasserversorgung, bedient[3]. Gegenteiliges ist vor allem für die gemeindliche Wirtschaftsbetätigung[4], insbesondere für die gemeindlichen Sparkassen[5], vertreten worden.

---

[1] Zusammenfassung des Meinungsstandes bei *Scholz,* in: Maunz / Dürig / Herzog, Art. 12 GG, Rn. 100 ff. mwN.

[2] Statt vieler *Bethge,* Die Grundrechtsberechtigung juristischer Personen nach Art. 19 Abs. 3 Grundgesetz, 1985, 75; *H. H. Rupp,* Die Unterscheidung von Staat und Gesellschaft, in: Isensee / Kirchhof (Hg.), Handbuch des Staatsrechts, Bd. 1, 1987, S. 1187 ff. (Rn. 31 f.). – Eine Ausnahme von diesen Grundsätzen hat das Bundesverfassungsgericht nur für solche juristischen Personen des öffentlichen Rechts oder ihre Teilgliederungen anerkannt, die wie Universitäten und Fakultäten oder Rundfunkanstalten von der ihnen durch die Rechtsordnung übertragenen Aufgabe her unmittelbar einem durch bestimmte Grundrechte geschützten Lebensbereich zugeordnet sind oder wie die Kirchen und andere mit dem Status einer Körperschaft des öffentlichen Rechts versehene Religionsgemeinschaft kraft ihrer Eigenart ihm von vornherein zugehören. So wörtlich BVerfGE 61, 82 (102 mwN).

[3] BVerfGE 45, 63 (78 f. mwN).

[4] Vgl. *Stern / Püttner,* Die Gemeindewirtschaft. Recht und Realität, 1965, 130 ff.

[5] *Stern / Burmeister,* Die kommunalen Sparkassen, 1972, 199 ff., 212 ff., 252 ff.

Das Bundesverfassungsgericht hat dagegen jedoch mit aller Klarheit Front gemacht: Auch Unternehmen in der Rechtsform juristischer Personen können sich ebenso wenig auf Grundrechte berufen wie die Trägerkörperschaft. Andernfalls wären Umgehungen zu einfach[6].

Dagegen wurde für den Bereich fiskalisch-erwerbswirtschaftlicher Tätigkeit der öffentlichen Hand in der Literatur bisher von vielen ein Grundrechtsschutz, z. B. aus Art. 12 und 14 GG, für möglich gehalten[7]. Auch dieser Auffassung ist das Bundesverfassungsgericht in seinem Sasbachbeschluß vom 8. 7. 1982 mit Recht entgegengetreten[8]. Grundrechte begründen Schutzbereiche der Menschen gegenüber dem Staat in allen seinen Erscheinungsformen. Grundrechte begründen Freiheit der Menschen „zur Beliebigkeit". Freiheit ist hier Selbstzweck, ein Eigenwert per se, sicher nicht der alleinige, aber doch ein Grundwert. Grundrechte müßten deshalb ihren Sinn verlieren, wenn auch der Staat sich auf sie berufen könnte[9]. Der Staat hat in allen seinen Erscheinungsformen immer nur die Funktion, den Menschen und *ihrer* Freiheit zu dienen; er kann deshalb nicht selbst Freiheit zur Beliebigkeit in Anspruch nehmen. Unter der Wertordnung des Grundgesetzes hat nur die Freiheit des Menschen Eigenwert. Die Aktionsmöglichkeiten des Staates haben dagegen nur Dienstwert im Interesse wiederum der Menschen[10]. Eine Anerkennung der Grundrechtssubjektivität des Staates (einschließlich der Kommunen) widerspräche dem „Wesen" eben der Grundrechte im Sinne des Art. 19 III GG[11].

Nähme man dagegen an, die Grundrechte schützten auch die öffentliche Hand, auch diese hätte also „Freiheit zur Beliebigkeit", d. h. Freiheit um der Freiheit willen, so ergäbe sich eine Reihe von höchst merkwürdigen Konsequenzen. Dann würden z. B. solche gesetzlichen Regelungen, die eine pflegliche und wirtschaftliche Behandlung öffentlichen Vermögens vorschreiben (z. B. § 78 II GemO RP), verfassungsrechtlich problematisch; ebenso problematisch wären Vorschriften, die es der öffentlichen Hand verbieten, Vermögensgegenstände mit der alleinigen Zielsetzung zu erwerben, das öffentliche Vermögen zu mehren (z. B. §§ 63 BHO/LHO; 78 I GemO RP). Und

---

[6] BVerfGE 45, 63 (80): „Andernfalls wäre die Frage der Grundrechtsfähigkeit der öffentlichen Hand in nicht geringem Umfang abhängig von den jeweiligen Organisationsformen; es käme darauf an, ob eine Aufgabe der Daseinsvorsorge von ihrem Träger selbst oder von einer diesem gegenüber rechtlich verselbständigten, privatrechtlich organisierten Verwaltungseinheit erfüllt wird."

[7] z. B. v. *Mutius,* in: BK, Art. 19 Abs. 3 GG, Rn. 103; *Stern,* in: BK, Art. 28 GG, Rn. 71.

[8] BVerfGE 61, 82 (100 ff.).

[9] Dazu zuletzt ausführlich *Schachtschneider,* Staatsunternehmen und Privatrecht, 1986, 261 – 280.

[10] v. *Arnim,* Staatslehre, 128 ff. mwN.

[11] A.A. vor allem *Bettermann,* Gewerbefreiheit der öffentlichen Hand, FS Hirsch, 1968, 1; *ders.,* NJW 1969, 1321; *von Mutius,* in: BK, Art. 19 Abs. 3, Rn. 104.

natürlich wären dann auch die Bestimmungen, die der öffentlichen Wirtschaftsbetätigung Grenzen ziehen, etwa § 65 BHO/LHO und die Nachfolgevorschriften zu § 67 DGO, verfassungsrechtlich kaum haltbar[12]. Würden die Grundrechte auch für die öffentliche Hand gelten, dann wären all diese Vorschriften verfassungsrechtlich ebenso problematisch, wie es rechtliche Regelungen wären, die einem Privatmann den sorgfältigen Umgang mit seinem eigenen Vermögen vorschrieben und ihm Verschwendung, etwa durch Glücksspiel und die dauernde Veranstaltung „rauschender Feste", verbieten würden. Überhaupt wäre dann das Wirtschaftlichkeits- und Sparsamkeitsgebot insgesamt (§§ 7 I 1 BHO/LHO, 93 II GemO RP) verfassungsrechtlich unhaltbar. Das Grundgesetz steht einer Übertragung des Wirtschaftlichkeits- und Sparsamkeitsgebots auf den privaten Bereich entgegen[13]. Die Einführung eines allgemeinen gesetzlichen Gebots für Privatpersonen, bei der Verwaltung ihrer privaten Finanzen wirtschaftlich und sparsam vorzugehen, wäre offenbar grundrechtswidrig. Die Grundrechte geben den Menschen ein Recht auf Beliebigkeit und damit auch auf Unwirtschaftlichkeit. Unter der Verfassung der Vereinigten Staaten von Amerika gilt der Grundsatz, daß jedermann ein Recht auf „Torheit" hat[14]. Gleiches gilt unter dem Grundgesetz. Würden die Grundrechte auch die öffentliche Hand schützen, hätte diese wie Privatleute das Recht, „auf eigene Kosten Dummheiten zu machen"[15]. Dann wäre das für die öffentliche Hand geltende Wirtschaftlichkeits- und Sparsamkeitsgebot aus den gleichen Gründen verfassungswidrig, aus denen seine Erstreckung auf Privatpersonen verfassungwidrig wäre.

Diese in der Tat abwegigen Konsequenzen bestätigen erneut, daß die öffentliche Hand nicht ihrerseits Grundrechtsträger sein kann.

Ein anderes Ergebnis kann man auch nicht aus der Verleihung der Rechtsfähigkeit, also der Fähigkeit, Träger von Rechten und Pflichten zu sein, an den Staat und die Gemeinden ableiten. Staat und Gemeinden sind als Gebietskörperschaften zwar rechtsfähig. Das braucht jedoch nicht zu bedeuten, daß die Rechtsfähigkeit von Staat und

---

[12] So nehmen in der Tat *Bettermann* und *Stern* unter Berufung auf die Grundrechtsfähigkeit der öffentlichen Hand und auf Art. 28 II GG (mit gewissen Differenzierungen) Verfassungswidrigkeit der Nachfolgevorschriften von § 67 DGO an (*Bettermann,* Gewerbefreiheit der öffentlichen Hand, FS für Hirsch, 1968, 1 (247)) oder verlangen doch eine verfassungskonforme Auslegung (*Stern,* AfK 1964, 81 (99 ff.)).

[13] Etwas anderes gilt natürlich dann, wenn es sich auch im privaten Bereich um die Vermögens- oder Interessenbesorgung für *Dritte* handelt. Hier sind gesetzliche Sorgfaltsanforderungen natürlich zulässig – im Gegensatz zu den im Text allein gemeinten Sorgfaltsanforderungen „gegen sich selbst".

[14] Vgl. *Fikentscher,* Methoden des Rechts, Bd. IV, 1977, 408.

[15] So für die Kommunen in der Tat *Püttner* in einem unveröffentlichten Rechtsgutachten für die kommunalen Spitzenverbände in Hessen: „Zur Verfassungsmäßigkeit der geplanten überörtlichen Prüfung kommunaler Körperschaften in Hessen", 1977, 20. Dazu kritisch *v. Arnim,* Die Einführung der überörtlichen Prüfung in Hessen ist überfällig, veröffentlichtes Gutachten für den Bund der Steuerzahler Hessen, 1985, 18 ff.

Gemeinden den gleichen Bedeutungsgehalt besitzt wie die Rechtsfähigkeit natürlicher Personen (oder solcher juristischer Personen, hinter denen natürliche Personen stehen). Mit Rechtsfähigkeit von Privatpersonen ist kraft Zivilrechts Privatautonomie verknüpft. Der zivilrechtliche Eigentümer kann, „soweit nicht das Gesetz oder Rechte Dritter entgegenstehen", mit einer ihm gehörenden Sache „nach Belieben verfahren" (§ 903 BGB). Demgegenüber sind die privatrechtlichen Befugnisse des Staates oder der Gemeinde, ihr Eigentum zu verwenden, öffentlich-rechtlich überlagert: Staat und Gemeinde haben gerade keine Freiheit zur Beliebigkeit, keine den Privaten vergleichbare private Autonomie und können deshalb auch mit ihrem Eigentum nicht nach Belieben verfahren[16].

Damit ist dargetan, daß die Grundrechte nicht für den Staat gelten und deshalb einer Bindung des Staates an den Wirtschaftlichkeitsgrundsatz nicht entgegenstehen können. Im folgenden sollen die möglichen Grundlagen für eine positive verfassungsrechtliche Geltung des Wirtschaftlichkeitsgrundsatzes erörtert werden.

2. Mögliche Bedeutung eines Verfassungsprinzips Wirtschaftlichkeit

Die Frage, ob der Wirtschaftlichkeitsgrundsatz verfassungsrechtliche Geltung besitzt, ist unter verschiedenen Aspekten von Interesse. Auch hier wäre allerdings zunächst die Reichweite des verwendeten Begriffs der Wirtschaftlichkeit klarzustellen. Andererseits kann diese durchaus im Zusammenhang stehen mit der Höhe der normativen Geltungsebene des Wirtschaftlichkeitsgebots und den von ihm erfaßten Akteuren. Wir wollen die Frage deshalb zunächst zurückstellen.

Läßt sich eine verfassungsrechtliche Verankerung des Wirtschaftlichkeitsprinzips nachweisen, so könnte dies folgende Konsequenzen haben:

1. Eine Aufhebung des Wirtschaftlichkeitsprinzips wäre, wenn überhaupt (Art. 79 III GG), nur unter erschwerten Bedingungen möglich, nämlich nur durch *Änderung der Verfassung* mittels qualifizierter Mehrheiten im Bundestag und Bundesrat (Art. 79 II GG).

2. Das Wirtschaftlichkeitsprinzip kann nicht nur Verwaltung und Regierung binden, sondern möglicherweise auch den *parlamentarischen Gesetzgeber*. Notwendig wäre dies allerdings nicht, auch dann nicht, wenn das Wirtschaftlichkeitsprinzip verfassungsrechtlich verankert ist.

3. Möglich wäre auch, daß das Wirtschaftlichkeitsprinzip als Verfassungsprinzip zwar auch den parlamentarischen Gesetzgeber betrifft, aber nicht als *Handlungsnorm,* an die der Gesetzgeber selbst gebunden ist (mit der Folge, daß er bei Abweichungen rechtswidrig handelt), sondern lediglich

---

[16] Dazu grundlegend und zutreffend *Burmeister*, z. B. in: Verfassungsrechtliche Grundlagen der kommunalen Wirtschaftsbetätigung, in: v. Mutius (Hg.), 1983, 623 ff., mit umfassender Auseinandersetzung mit dem Schrifttum.

als *Kontrollnorm* (oben XI). Das würde bedeuten, daß die Kontrollinstanz, z. B. ein Rechnungshof, befugt wäre, auch Gesetze und sonstige Akte des Parlaments auf Wirtschaftlichkeit zu kontrollieren. Es läge ein Überschießen der Kontrollnorm über die Handlungsnorm hinaus vor.

Im folgenden wird zunächst der Frage nachgegangen, ob das Wirtschaftlichkeitsprinzip als Verfassungsprinzip auch den parlamentarischen Gesetzgeber bindet (unter 3 - 7). Die Frage, ob das Wirtschaftlichkeitsprinzip im Hinblick auf den Gesetzgeber bloß Kontrollnorm ist, wird unter 8 behandelt.

3. Art. 114 II GG

Als verfassungsrechtliche Grundlage des Wirtschaftlichkeitsprinzips kommt zunächst Art. 114 II GG in Betracht. Die Vorschrift lautet:

„Der Bundesrechnungshof ... prüft die Rechnung sowie die Wirtschaftlichkeit und Ordnungsmäßigkeit der Haushalts- und Wirtschaftsführung."[17]

In dieser Vorschrift wird in der Literatur nicht nur eine Kontrollnorm für den Bundesrechnungshof[18], sondern zumeist auch eine verfassungsrechtliche Bindung[19] zumindest der Verwaltung an das Wirtschaftlichkeitsgebot gesehen[20], das Vorliegen einer Bindungsnorm (und wohl auch einer Kontrollnorm) hinsichtlich des parlamentarischen Haushaltsgebers aber oft verneint[21]. Auch *Vogel / Kirchhof* erkennen an, daß „das Erfordernis einer wirtschaftlichen Haushalts- und Wirtschaftsführung durch Art. 114 GG zu einem Maßstab des (Verfassungs-)Rechts geworden ist", lehnen eine Bindung des

---

[17] Im wesentlichen gleichlautende Vorschriften, die die Prüfung durch die *Landes*rechnungshöfe betreffen, erhalten die Niedersächsische Verfassung (Art. 53 II), die Verfassung für das Land Nordrhein-Westfalen (Art. 86 II), die Verfassung für Rheinland-Pfalz (Art. 120 II) und die Verfassung des Saarlandes (Art. 106 II).

[18] Dazu unter 8.

[19] Zur Unterscheidung zwischen Kontroll- und Bindungsnorm oben XI.

[20] So z. B. *Stern*, Staatsrecht II, 435 ff., 1208: „Verfassungsrechtliches Gebot zur Wirtschaftlichkeit der Haushalts- und Wirtschaftsführung (Art. 114 II 1 GG)."

[21] *Susanne Tiemann*, Die staatsrechtliche Stellung der Finanzkontrolle des Bundes, 1974, 131: Objekt der Rechnungsprüfung nach Art. 114 II 1 GG könne die Exekutive, „nie aber der Gesetzgeber sein". Deshalb könne die Prüfung sich „nie gegen Akte des Gesetzgebers selbst richten". Entsprechendes gelte für die „Überprüfung der Mittelveranschlagung im Haushaltsplan". Daß nach Art. 114 II GG nur die Bundesexekutive geprüft werde, schlägt auch bei *Fischer-Menshausen*, in: v. Münch (Hg.), Grundgesetz-Kommentar, Band 3, 2. Aufl., 1983, Art. 114 GG, Rn. 11 durch: Der Bundesrechnungshof habe die Haushalts- und Wirtschaftsführung „der Bundesverwaltung" zu prüfen. Vgl. ferner *Heuer*, Art. 114 GG, Rn. 61: Mit dem Begriff der „Haushalts- und Wirtschaftsführung" in Art. 114 II GG sei, was die Haushaltsführung anlangt, „die Ausführung des Haushaltsplans und des Haushaltsgesetzes unter Berücksichtigung der vom Bundesminister der Finanzen gemäß § 5 BHO erlassenen Haushaltsvorschriften zu verstehen."

Gesetzgebers – „in dieser Allgemeinheit" – aber ab[22]. Wir müssen die Auseinandersetzung mit dieser Auffassung hier allerdings noch zurückstellen. Die Frage nach der verfassungsrechtlichen Bindung auch des Gesetzgebers an das Wirtschaftlichkeitsprinzip läßt sich nur in größerem Zusammenhang, nicht beschränkt auf Art. 114 II GG, führen (vgl. dazu sogleich 4 - 6), kann dann ihrerseits aber Rückwirkungen auf das Verständnis des Art. 114 II GG haben.

4. Art. 14 GG

Die Eigentumsgarantie des Art. 14 GG erfaßt tatbestandlich auch die Besteuerung, läßt sie aber als Ausdruck der Sozialbindung des Eigentums grundsätzlich zu[23]. Die Besteuerung muß allerdings verhältnismäßig sein. Die Beurteilung der Verhältnismäßigkeit setzt ihrerseits voraus, daß man den Zusammenhang zwischen der Aufbringung der Steuermittel und ihrer Verwendung auch juristisch im Blick behält[24]. Gerade dieser Durchgriff auf die Verwendungszwecke ist nach herrschender Auffassung aber abgeschnitten. Obwohl die Interdependenz zwischen dem Steuerniveau – und damit auch zwischen der Belastung eines jeden Steuerzahlers – und der Höhe der Staatsausgaben – auf der Hand liegt, braucht nach herrschender Ansicht die Besteuerung verhältnismäßig nur in bezug auf den vordergründigen Zweck zu sein, Einkünfte zu erzielen. Da dieses Erfordernis aber, sofern die Besteuerung nicht erdrosselnd wirkt, immer gegeben ist, wird die Verhältnismäßigkeitsprüfung zur Farce und entbehrt gegenüber dem Besteuerungseingriff des Staates praktisch jeder materiellen Schutzwirkung. Die angebliche Unzulässigkeit eines Durchgriffs auf die Verwendung der finanziellen Mittel wird damit begründet, nach dem sog. Non-Affektationsprinzip bildeten sämtliche Einnahmen des Staates eine von Zweckbindungen freie einheitliche Deckungsmasse für alle staatlichen Aufgaben[25]. Man könne deshalb gar nicht feststellen, ob ein bestimmter Steuerbetrag gerade für verhältnismäßig unwichtige

---

[22] *Vogel / Kirchhof,* Zweitbearbeitung des Art. 114 GG, BK, (1973), Rn. 100; *Vogel,* FS Ipsen, 1977, 539 (548 f.).

[23] Diese Auffassung hat sich seit der Staatsrechtslehrertagung 1981 in Innsbruck weitgehend durchgesetzt. Vgl. die Referate von *Paul Kirchhof* und *v. Arnim* zum Thema „Besteuerung und Eigentum" und die Diskussion dazu (VVDStRL 39, 213 ff., 286 ff., 361 ff.).

[24] Die Ausführungen dieses Abschnitts sind im wesentlichen übernommen aus: *v. Arnim,* Besteuerung und Eigentum, VVDStRL 39, 286 (311 ff.). Dort finden sich auch weitere Nachweise.

[25] §§ 7 HGrG, 8 BHO/LHO: „Alle Einnahmen dienen als Deckungsmittel für alle Ausgaben. Auf die Verwendung für bestimmte Zwecke dürfen Einnahmen nur beschränkt werden, soweit dies durch Gesetz vorgeschrieben ist oder Ausnahmen im Haushaltsplan zugelassen worden sind." – Dabei handelt es sich jedoch nur um einen Grundsatz des einfachen Haushaltsrechts, nicht des Verfassungsrechts, der deshalb gegenüber dem verfassungsrechtlichen Eigentumsschutz des Art. 14 GG zurücktreten muß.

Aufgaben verwendet werde. Verschwendung von öffentlichen Mitteln scheint deshalb den einzelnen Steuerzahler gar nicht zu betreffen. Die Unbestimmtheit, welcher Steuerzahler welche öffentliche Aufgabe finanziert, liegt jedoch in der allseitigen Verwendbarkeit des Geldes begründet, welches eben eine andere Dimension besitzt als Güter, die unmittelbar der Bedarfsdeckung dienen. Will man mit dem verfassungsrechtlichen Schutz des Geldes aufgrund der Eigentumsgarantie des Art. 14 GG trotz dieser anderen Dimension Ernst machen, so darf man die sich daraus ergebenden Konsequenzen nicht schon mit dem Hinweis auf die andere Dimension abweisen.

Meine These geht deshalb dahin: Die Erhebung von Steuern für öffentliche Aufgaben und Ausgaben ist nur dann gerechtfertigt und mit Art. 14 GG vereinbar, wenn sie zum Wohle der Allgemeinheit erfolgt. Dies setzt voraus, daß die finanzpolitischen Entscheidungen dem Gebot der Wirtschaftlichkeit entsprechen. Wirtschaftlichkeit bedeutet Verhältnismäßigkeit zwischen Steuerbelastung und Ausgabengewicht und verlangt, zugespitzt formuliert, daß die am wenigsten dringliche Ausgabe noch die Erhebung der am schwersten belastenden Steuer rechtfertigt. Eine Prüfung könnte, da es auf das Verhältnis zwischen Besteuerung und Mittelverausgabung ankommt, an sich an beiden Bezugspunkten ansetzen, also von den Steuern hin auf die Ausgaben oder umgekehrt von den Ausgaben zurück auf die Steuern blicken. Ein Ansetzen bei der Steuererhebung muß jedoch praktisch ausscheiden: Wäre jede Erhebung von Steuermitteln, aus denen auch irgendeine öffentliche Verschwendung finanziert werden kann, ein Verstoß gegen Art. 14 GG, so gäbe es wahrscheinlich kaum noch verfassungsgemäße Steuern.

Den richtigen Ansatzpunkt für die Wirtschaftlichkeitsbindung können deshalb nur die Ausgaben bilden. Dies ist denn auch die Verteidigungslinie, auf die der Schutz vor übermäßiger Besteuerung, den Art. 14 GG gewährt, zu einem guten Teil verlagert werden muß[26]. Die nach herrschender Ansicht nur für die Exekutive geltende Bindung an das Wirtschaftlichkeitsgebot (Art. 114 Abs. 2 GG) wird auf diese Weise auch auf den Ausgaben-Gesetzgeber erstreckt[27].

---

[26] Ähnlich *Lange*, Die Verwaltung 1971, 259 (271 f.); *Luhmann*, Der Staat, 1973, 1 (17 f.); *Salmen*, Das Wirtschaftlichkeitsprinzip in der kommunalen Finanz- und Haushaltsplanung, 1980, 71.

[27] Zustimmend *Fischer-Menshausen*, Art. 114, Rn. 17, – Wenn *Papier* sich gegen „ein Grundrecht des Bürgers auf eine dem Gebot der Wirtschaftlichkeit gemäße Ausgabenpolitik des Staates" und ein „*subjektiv*-rechtliches Einwirkunginstrument zugunsten einzelner" wendet (in: Maunz / Dürig / Herzog, Art. 14 GG, September 1983, Rn. 170), so kann ihm nur zugestimmt werden. Auch die aus Art. 14 GG abgeleitete Bindung des Gesetzgebers an das Wirtschaftlichkeitsgebot ist nur objektives Recht und schafft keine subjektiven Ansprüche des Bürgers (vgl. auch schon *v. Arnim*, VVDStRL 39, 316 f.).

5. Art. 1, 20 GG

Der Versuch, eine Bindung auch des Haushaltsgebers oder des Gesetzgebers allgemein an das Wirtschaftlichkeitsgebot aus einzelnen Bestimmungen des Haushaltsrechts oder auch aus einzelnen Grundrechten abzuleiten, verbleibt allerdings letztlich auf unsicherem Boden. Es ist erforderlich, zu einem übergreifenden Ansatz zu gelangen. Dies setzt voraus, die Grundwertungen des Grundgesetzes, die für unsere Frage von zentraler Relevanz sind, zu ermitteln und zugrunde zu legen[28]. Nur dadurch wird es auch möglich, überkommenen vor-grundgesetzlichen Ballast über Bord zu werfen. Dies ist beim Parallelproblem der Beurteilung staatlicher Eingriffe (in „Freiheit und Eigentum" der Bürger) vielfach geschehen, nicht aber bei der rechtlichen Beurteilung von Staatsinterna. Insoweit sind die Folgerungen aus der Wertordnung des Grundgesetzes vielfach noch nicht voll gezogen, so daß das vordemokratische Staatsverständnis teilweise noch durchschlägt.

Den Ausgangspunkt bildet Art. 1 I GG, der eine zentrale Grundwertung enthält. Im 19. Jahrhundert und auch noch in der ersten Hälfte des 20. Jahrhunderts gehörte es zu den fundamentalen staatstheoretischen Streitfragen, ob der Staat den Menschen oder umgekehrt die Menschen dem Staat zu dienen hätten, ob also der Staat um der Bürger willen oder umgekehrt die Bürger um des Staates willen da seien. Diese Frage hat Art. 1 I GG eindeutig beantwortet: Der Staat des Grundgesetzes ist um der Bürger willen da[29]. Der Staat hat eine Dienstfunktion im Interesse der ihm angehörenden Menschen[30]. Er hat diesen möglichst wirksam zu dienen. Werden nun aber öffentliche Mittel verschwendet, liegt also Unwirtschaftlichkeit vor, so wird der Staat dieser seiner Grundfunktion insoweit nicht gerecht. Das Gebot, öffentliche Mittel für die Bürger zu verwenden, bedeutet, sie für diese bestmöglich zu verwenden. Unwirtschaftliche Maßnahmen verstoßen gegen dieses Gebot[31]. Gleiches folgt aus der *Treuhänderstellung* des Staates: Der Staat und seine Organe haben die Finanzmittel nur treuhänderisch für ihren Auftraggeber, die Gemeinschaft insgesamt, zu verwalten und sind ihm gegenüber deshalb zu zweckmäßigem, rationalem, kurz: zu wirtschaftlichem Verhalten verpflichtet[32].

---

[28] Zur abweichenden Auffassung *Luhmanns,* der glaubt, die Ermittlung letzter Zwecke sei „denkunmöglich", oben X.

[29] Dazu Näheres bei *v. Arnim,* Staatslehre, 127 ff. mwN.

[30] Diametral anderer Auffassung offenbar *Leisner,* Effizienz als Rechtsprinzip, 60: „Der Staat muß sich nicht bestätigen. Er ist nicht, weil er wirkt, er wirkt, weil er ist".

[31] Hier zeigt sich, daß die aus Art. 14 GG gewonnenen Ergebnisse (soeben unter 4) Ausdruck eines umfassenden Prinzips sind. Vgl. auch schon *v. Arnim,* VVDStRL 39, 317, Fn. 124.

[32] Dagegen läßt sich nicht einwenden, die durch Abgaben erhobenen Finanzmittel gingen ins Eigentum des Staates über und könnten deshalb von diesem frei verwendet werden (so aber *Salmen,* Wirtschaftlichkeitsprinzip, 44 f.); denn der Staat kann grund-

6. Bindung an Gemeinwohl und Rationalität

a) Grundgesetz

aa) Bundesverfassungsgericht

Die unter 5 gemachten Aussagen werden bestätigt durch den Grundsatz von der verfassungsrechtlichen Bindung aller Staatstätigkeit an das Gemeinwohl. Das Bundesverfassungsgericht hat eine solche Bindung immer wieder mit Recht hervorgehoben: Der Staat sei verfassungsrechtlich auf das Gemeinwohl verpflichtet[33]. Auch finanzielle Mittel seien dem Staat ausschließlich „zur Verwendung für das gemeine Wohl anvertraut"[34]. Eine Verschleuderung öffentlicher Mittel verstoße gegen die „aus dem Dienst am Gemeinwohl folgende selbstverständliche Verpflichtung" der Staatsorgane[35].

bb) Gemeinwohlbindung der Amtsträger

Die Gemeinwohlbindung des Staates und seiner Organe kommt auch in der Verpflichtung seiner Amtsträger auf das Gemeinwohl zum Ausdruck. Sie zeigt sich im Amtseid des Bundespräsidenten (Art. 56 GG) und der Bundesminister (Art. 64 II GG), für Abgeordnete in Art. 38 I 2 GG („Vertreter des ganzen Volkes"). Die dort angesprochene ausschließliche Gewissensunterworfenheit des Abgeordneten meint das „Amtsgewissen" und gibt ihm selbstverständlich nicht die Befugnis zu beliebigem Handeln. Für Beamte bestimmt § 35 BRRG ausdrücklich, daß sie „dem ganzen Volk, nicht einer Partei" zu dienen und bei ihrer Amtsführung „auf das Wohl der Allgemeinheit Bedacht zu nehmen" haben. Dies ist ein hergebrachter Grundsatz des Berufsbeamtentums iSd Art. 33 V GG.

cc) Gemeinwohl und Rationalität

Was mit dem grundgesetzlichen Begriff „Gemeinwohl" positiv gemeint ist, braucht hier nicht im einzelnen nachgezeichnet zu werden[36]. Zusammenfassend sei lediglich gesagt: Gemeinwohl verlangt Rationalität bei Realisierung der grundsätzlich von der Politik zu konkretisierenden Zwecke, die sich ihrer-

---

sätzlich nicht Träger von Grundrechten sein (oben XIV 1). Er besitzt wegen seiner Verpflichtung auf die Gemeinschaftsinteressen gerade keine Freiheit der Beliebigkeit.

[33] BVerfGE 42, 312 (332); 49, 89 (132).

[34] BVerfGE 44, 125 (193).

[35] BVerfGE 12, 354 (364).

[36] Vgl. auch oben X 8. Zur Gemeinwohlbindung des Staates vgl. auch *v. Arnim*, Staatslehre, 211 ff., 235 f. Zustimmend *Schmidt-Jortzig*, Verhandlungen des 55. Deutschen Juristentages (1984), Bd. II (Sitzungsberichte), S. M75 f. (Diskussionsbeitrag).

seits aus den grundgesetzlichen Grundwerten als „letzten Zwecken" (oben VIII) ableiten lassen müssen.

Die Verpflichtung des Staates auf das Gemeinwohl enthält also das Gebot der *Rationalität* als Wesenszug des grundgesetzlichen Staates[37]. Gemeinwohlverpflichtung und Rationalitätsgebot ergeben sich allerdings nicht aus irgendwelchen vorverfassungsrechtlichen Gegebenheiten[38], sondern aus der aus Art. 1, 20 GG zwingend folgenden Dienstfunktion aller Staatstätigkeit im Interesse der Gemeinschaft[39].

dd) Übermaßverbot als Ausprägung

Da Rationalität Wirtschaftlichkeit umfaßt (oben X 2), umfaßt die Verpflichtung des Staates auf Gemeinwohl (einschließlich Rationalität) auch die Verpflichtung auf Wirtschaftlichkeit. Praktisch besonders wichtig an dieser Aussage dürfte die negative Formulierung in der Terminologie des Übermaßverbots sein: Jedenfalls sind staatliche Maßnahmen, die zur Erreichung der gesetzten Zwecke ungeeignet, nicht erforderlich oder unverhältnismäßig sind, *nicht* rational und damit nicht wirtschaftlich[40]. Diese Aussage erhält besondere Bedeutung, weil die Geltung des Übermaßverbots heute nicht mehr auf Eingriffe beschränkt ist[41], sondern die *gesamte Staatstätigkeit* umfaßt. Inwieweit die weiteren Komponenten des Wirtschaftlichkeitsprinzips[42] noch von praktischer Bedeutung sind, wenn es um die Bindung des Gesetzgebers geht, ist zweifelhaft angesichts der besonders weiten Spielräume, die die umfassenden Schätzurteile und Werturteile lassen, die hier anzustellen sind.

---

[37] *Isensee,* Der Fiskalbeamte – ein Fiskalprivileg, DÖV 1970, 397 (404). Dazu, daß der grundgesetzliche Gemeinwohlbegriff auch Rationalität umfaßt, aber weiter ist, oben X 8.

[38] So aber anscheinend *Herbert Krüger,* Allgemeine Staatslehre, 2. Aufl., 1966, 58 f., 738 f., 834 f., wenn er die Verpflichtung des Staates auf Rationalität aus dem Charakter des „Modernen Staates" abzuleiten sucht. Vgl. auch *Isensee,* DÖV 1970, 397 (404), der einerseits davon ausgeht, das Gebot größtmöglicher Wirksamkeit staatlichen Handelns folge „aus dem Wesen des modernen Staates" und „sei den Staatsformbestimmungen des Grundgesetzes, wie überhaupt allen Staatsformalternativen der Gegenwart, vorgegeben". Andererseits begründet *Isensee* dies – anders als Krüger – damit, der moderne Staat sei eine „Zweckeinrichtung der Gesellschaft zur Bewältigung ihrer Aufgaben". Eben dies ergibt sich normativ zwingend aber nur aus spezifischen Staatsverfassungen, für die Bundesrepublik Deutschland aus dem Grundgesetz.

[39] *v. Arnim,* Staatslehre, 127 ff., 235 f.

[40] *Vogel / Kirchhof,* BK, Art. 114 GG, Rn. 90, beschränken den rechtlichen Wirtschaftlichkeitsbegriff des Art. 114 II GG in der Sache auf das Übermaßverbot. Oben X 3.

[41] Die Begrenzung des Übermaßverbots als Rechtsprinzip auf Eingriffe in Bürgerrechte (oben zu X Fn. 34) erweist sich dagegen als Relikt der konstitutionellen Staatslehre, insbes. des dieser eigenen Verengung des Begriffs „Recht", die verfassungstheoretisch und positiv-verfassungsrechtlich überholt ist (oben X 6 und unten XVIII, vor 1).

[42] Zum Verhältnis von Übermaßverbot und Rationalität oben X 6.

ee) Neuere Entwicklungen

Die Verpflichtung aller Staatsgewalt auf das Gemeinwohl als zwingende Konsequenz der verfassungsrechtlichen Grundwertung setzt sich allmählich auch in der Dogmatik des Verwaltungsrechts und des Verfassungsrechts durch. Dazu einige Beispiele: Die Eingriffs*verwaltung* ist auch dort, wo eine Entscheidung in ihr Ermessen gestellt ist, rechtlich nicht nur zur Einhaltung der gerichtlich überprüfbaren Schranken verpflichtet (§ 114 VwGO), sondern sie ist nach neuerer, zutreffender Auffassung darüber hinaus verpflichtet, *richtige* Entscheidungen zu treffen[43]. Die Verwaltung ist ganz allgemein auf das Gemeinwohl verpflichtet[44]. Nur ist die Richtigkeit (= Gemeinwohlkonformität) insoweit nicht in die Verantwortung der Gerichte gestellt, sondern in die der Verwaltung selbst. Gleiches gilt auch für den Staat als *Gesetzgeber*. Er hat nicht nur die gerichtlich kontrollierbaren Grenzen zu beachten, sondern nach neuerer Auffassung darüber hinaus Gesetze zu schaffen, „die in jeder Hinsicht sachgemäß und gerecht sind"[45]. Ein wichtiges Kriterium für die Sachgemäßheit aber ist das Rationalprinzip.

In ähnliche Richtung geht *Haverkate*[46], wenn er den Gesetzgeber bei Gewährung staatlicher Leistungen verpflichtet, den konkreten Leistungszweck zu benennen und dadurch den Ansatzpunkt gewinnt, das Übermaßverbot (in seinen Teilelementen Erforderlichkeit einschließlich Eignung und Verhältnismäßigkeit ieS) als rechtlich bindendes Prinzip auch auf Leistungen zu erstrecken. *Haverkate* geht insoweit auch von der gerichtlichen Kontrollierbarkeit aus, die aber natürlich immer nur eine Negativkontrolle sein kann und das Zurückhaltungsgebot zu berücksichtigen hat[47].

Kloepfer[48] stellt – als verfassungsrechtlichen Wall gegen die „Gesetzesflut" – "ein aus dem Übermaßverbot abgeleitetes allgemeines Übernormierungsverbot (mit den Geboten der Normierungsnotwendigkeit, -erforderlichkeit und -verhältnismäßigkeit)" zur Diskussion, das auch gegenüber nicht eingreifenden Normen gelten soll.

ff) Günter Dürigs Ansatz

Einen Versuch, das Übermaßverbot über den Eingriffsbereich hinaus auszudehnen, hat *Günter Dürig* schon früh unternommen[49]. Dürig leitet das

---

[43] So z. B. *Kopp* und *K. Vogel,* Nachweise oben X Fn. 40.

[44] *Wolff / Bachof,* Verwaltungsrecht I, 9. Aufl., 1974, § 29 (S. 166 ff.).

[45] So mit Recht *Konrad Hesse,* Grundzüge des Verfassungsrechts der Bundesrepublik Deutschland, 15. Aufl., 1985, Rn. 439 (S. 169 f.).

[46] *Haverkate,* Rechtsfragen des Leistungsstaates, 1983, 290 ff.

[47] So schon *v. Arnim,* Gemeinwohl und Gruppeninteressen, 1977, 265 ff.; vgl. auch *ders.,* Staatslehre, 240 f., 381 ff.

[48] *Kloepfer,* Gesetzgebung im Rechtsstaat, VVDStRL 40, 63 (79 ff.).

[49] *Dürig,* Verfassung und Verwaltung im Wohlfahrtsstaat, JZ 1953, 193 (199).

Übermaßverbot aus der Verpflichtung des Staates auf das *öffentliche Interesse* ab. (Die Argumentation *Dürigs* bezieht sich auf das verwaltungsbindende Übermaßverbot. Gleiches gilt aber auch für das gesetzesbindende Übermaßverbot.) *Dürig* hebt hervor, das öffentliche Interesse sei nicht nur Ermächtigung, sondern auch *Schranke* jeder Staatstätigkeit. Jedes „Mehr" an Mitteln, das über das zur Zweckerreichung erforderliche Maß an Mitteln hinausgeht, sei vom öffentlichen Interesse nicht mehr gedeckt und somit rechtswidrig. Was nicht erforderlich ist, sei „rechtslogisch fehlendes öffentliches Interesse am angewendeten Mittel." Die Verhältnismäßigkeit werde damit zum Unterfall des Rechtsbegriffs „öffentliches Interesse" und damit selbst zu einem der verwaltungsgerichtlichen Kontrolle zugänglichen Rechtsbegriff. Die Auffassung, daß das öffentliche Interesse Schranke jeglicher Staatstätigkeit ist, wird allgemein geteilt[50]. Der Staat darf nur bei Vorliegen eines öffentlichen Interesses tätig werden[51]. Das Besondere der Konstruktion *Dürigs* liegt darin, daß er die Schrankenfunktion des öffentlichen Interesses nicht nur auf das *Ob* des staatlichen Tätigwerdens bezieht, sondern auch auf das *Wie:* Liegt das öffentliche Interesse, überhaupt tätig zu werden, vor, so ist damit noch nicht jede Art des Tätigwerdens gerechtfertigt. Die Argumentation und das Ergebnis *Dürigs* erscheinen in der Tat plausibel: Der Staat soll nicht Mittel für ein Ziel verwenden dürfen, für dessen Erreichung sie nicht oder nicht in dem praktizierten Umfang erforderlich sind[52]. Aus dem Trust-Gedanken und aus den sonstigen in diesem Abschnitt XIV dargestellten Erwägungen ergibt sich dies ohne weiteres.

Man fragt sich deshalb unwillkürlich, welche überzeugenden Einwände sich gegen diese Auffassung eigentlich vorbringen lassen und warum sie sich bisher nicht hat durchsetzen können. Schauen wir uns die Einwände also einmal an.

Vor allem *Peter Lerche* hat zweierlei eingewandt[53]. Erstens sei *Dürigs* Ansicht nur folgerichtig, wenn man annehmen könne, „jeder Rechtsverstoß befinde sich außerhalb rechtverstandenen ‚öffentlichen Interesses', also auch das Übermaßverbot. Doch setzte dies den Nachweis der Rechtswidrigkeit übermäßigen Vorgehens voraus." Diese Argumentation ist etwas rätselhaft. Die angebliche Vorbedingung für die „Folgerichtigkeit" der *Dürig*'schen Auffassung, die *Lerche* förmlich aufbaut, ist ja zur Begründung der *Dürig*'schen These in gar keiner Weise erforderlich. Die Geltung des Übermaßverbots

---

[50] Nachweise bei *Salmen,* Das Wirtschaftlichkeitsprinzip in der kommunalen Finanz und Haushaltsplanung, 1980, 81 Fn. 273.

[51] Vgl. für Verwaltungshandeln z. B. BVerwG, 27. 1. 1967, BBauBl. 1967, 444: Jedes Verwaltungshandeln setzt ein öffentliches Interesse voraus.

[52] Im Eingriffsbereich ist dies selbstverständlich. Vgl. BVerfGE 8, 71 (80): Das Handeln des Gesetzgebers muß durch das öffentliche Interesse legitimiert sein. Beschränkungen sind nur zulässig, „wenn und soweit das öffentliche Interesse sie unter Berücksichtigung des Grundsatzes der Verhältnismäßigkeit rechtfertigt."

[53] *Lerche,* Übermaß, 44.

setzt keineswegs den Nachweis voraus, daß jeder Rechtsverstoß sich außerhalb des öffentlichen Interesses befinde.

Weiter meint *Lerche,* „ein Zurückgreifen auf allgemeine Lehren vom Staatszweck (könne) schwerlich weiterhelfen." Diese Aussage trifft zu, geht aber ebenfalls an der Sache vorbei. Allgemeine Lehren bringen für unsere Frage in der Tat nichts. Erforderlich ist vielmehr eine *besondere,* auf die spezifische *Verfassung der Bundesrepublik* zugeschnittene Lehre. Diese ergibt dann aber durchaus, daß der Staat als Treuhänder der Allgemeinheit mit deren Mitteln wirtschaftlich umgehen und übermäßige Maßnahmen unterlassen muß.

Andere wenden ein, die Begründung der rechtlichen Geltung des Übermaßverbots aus dem öffentlichen Interesse komme einer kollektivistischen Staatsauffassung gleich[54] und sei als rechtsstaatswidrig abzulehnen[55]. Auch diese Argumentation trifft nicht zu. Die Bindung des Staates an das Übermaßverbot auch im Nichteingriffsbereich erfolgt im Interesse der Menschen, wenn auch nicht einzelner individualisierbarer, sondern aller zusammen. Die vom Staat verwendeten Mittel sind ihm von den Menschen zur Verfügung gestellt. Wirtschaftlichkeit bei ihrer Verwendung kommt deshalb letztlich den Menschen zugute, indem diese dem Staat weniger Mittel zur Verfügung stellen müssen. Der Staatsanteil wird eingeschränkt, unnötige oder unverhältnismäßige Staatstätigkeit wird unterbunden. Diese Bindung auch des nichteingreifenden Staates an das Übermaßverbot fördert also die Freiheit der Menschen und ist deshalb alles andere als kollektivistisch oder rechtsstaatswidrig. Die Geltung des Übermaßverbots ist gleichbedeutend mit dem Verbot staatlicher Vergeudung von Mitteln. Dadurch wird absolut mehr Freiheit für die Menschen möglich. Wenn der Staat den Menschen und der Förderung ihrer Freiheit zu dienen bestimmt ist, so muß auch der nichteingreifende Staat sich an das Übermaßverbot halten.

Der wohl wichtigste, kaum allerdings je schriftlich formulierte Einwand[56] dürfte aber in der Befürchtung liegen, die *Rechtsprechung* würde praktisch einfach *überfordert* und ihre funktionellen Grenzen gefährdet, wenn man eine Bindung der Verwaltung und der Gesetzgebung auch im Nichteingriffsbereich an das Übermaßverbot anerkennen würde. Auch dieser Einwand ist in Wahrheit aber nicht begründet. Die Anerkennung des Übermaßverbots auch im Nichteingriffsbereich braucht nämlich durchaus nicht zu einer Überforderung der Gerichte oder einer Überschreitung der funktionellen Grenzen der Rechtsprechung zu führen, weder quantitativ noch qualitativ. Die Verwal-

---

[54] So *Max Oberle,* Der Grundsatz der Verhältnismäßigkeit des polizeilichen Eingriffs, Diss. jur., Zürich 1952, 30 f.

[55] *Claus Wellhöfer,* Das Übermaßverbot im Verwaltungsrecht, Diss. jur., Würzburg 1970, 22 f.

[56] Der Einwand argumentiert von den Folgen her, und das scheint vielen immer noch methodisch zumindest problematisch.

tungsgerichte entscheiden grundsätzlich nur bei Verletzung subjektiver Rechte (unten XIX), die bei Verletzung öffentlicher Interessen aber gerade nicht vorliegen. Gleiches gilt in weiten Bereichen der Verfassungsrechtsprechung. Im übrigen haben die Gerichte, wenn sie doch einmal in der Sache entscheiden sollten (was in bestimmten Fallkonstellationen denkbar ist), die Vorhandstellung der Verwaltung und der Gesetzgebung zu achten und nur eindeutig übermäßige Akte zu kassieren, so daß eine Überschreitung der funktionellen Grenzen nicht zu befürchten ist.

b) Landesverfassungen

Die *Verfassung für Rheinland-Pfalz* enthält in Art. 1 sogar ausdrücklich eine umfassende Verpflichtung des Staates auf das Gemeinwohl[57]. Der *Verfassungsgerichtshof Rheinland-Pfalz* hat den Inhalt dieser Bestimmungen in vorbildlicher Weise erläutert[58]. Art. 1 LV, der die Organe der Gesetzgebung, Rechtsprechung und Verwaltung auf das Gemeinwohl verpflichtet, besage „an sich nur etwas Selbstverständliches"[59]. Der Gesetzgeber habe beim Erlaß abstrakt-genereller Gesetze allerdings einen erheblichen Spielraum: Bei Verwirklichung des Gemeinwohls dürfe „der Gesetzgeber Diagnosen sowie Prognosen aufstellen und dabei gewisse Toleranzen für sich in Anspruch nehmen. Die Vollziehung des Gemeinwohlauftrags im Rahmen wertender und abwägender Erkenntnis kann folglich nicht in allen Einzelheiten nachgeprüft werden. Der Verfassungsgerichtshof darf deshalb nur untersuchen, ob die wertende Inhaltsbestimmung dieses Begriffs – wie auch das Bundesverfassungsgericht anerkennt – ... ‚eindeutig widerlegbar' oder ‚offensichtlich fehlsam' ist oder der verfassungsrechtlichen ‚Wertordnung' widerspricht"[60].

Dies folgt aus der Vorhandstellung, die der Verfassungsgerichtshof dem Gesetzgeber gegenüber der Rechtsprechung einräumt[61]. Würde das Gericht seine Einschätzungen und Wertungen auch über die Kassierung des offenbar Fehlsamen hinaus an die Stelle derjenigen des Gesetzgebers setzen, so würden „die Rollen, die die Verfassung den einzelnen Gewalten zuweist, ... vertauscht"[62].

Daraus folgt eine verfassungsrechtliche Bindung auch des *Landesgesetzgebers* an den Grundsatz der Wirtschaftlichkeit. Die Argumentation ist letztlich eine ganz ähnliche wie im Falle der Ableitung der Bindung des Bundes aus dem Grundgesetz.

Der Staatsgerichtshof Baden-Württemberg hat den Grundsatz der Wirtschaftlichkeit ausdrücklich als ein Element des Gemeinwohls anerkannt und ihm verfassungsrechtliches Gewicht bescheinigt[63].

---

[57] Ebenso Art. 3 Satz 1 BayVerf. Dazu auch *v. Zezschwitz,* Das Gemeinwohl als Rechtsbegriff, Marburger jur. Diss. 1967, 102 f.

[58] VerfGH Rheinland-Pfalz, 17. 4. 1969, DVBl. 1969, 799; 5. 5. 1969, AS 11, 118 (121 ff.).

[59] DVBl. 1969, 800.

[60] A.a.O., 802.

[61] Vgl. auch *Häberle,* Öffentliches Interesse als juristisches Problem, 1970, 361.

[62] VerfGH Rheinland-Pfalz, DVBl. 1969, 802.

[63] StGH Baden-Württemberg, 14. 2. 1975, ESVGH 25, 1 (8 f.); 24. 3. 1977, ESVGH 28, 1 (4).

c) Abweichende Auffassungen

Die vorstehenden Feststellungen stehen im Gegensatz zu einer überkommenen, immer noch verbreiteten[64] Auffassung, welche Politik und Recht als fundamental geschieden ansieht. Dieser Auffassung hat besonders *Leibholz* Ausdruck verliehen: Das Politische und das „vom Politischen her bestimmte Allgemeininteresse" bezögen sich „gegenständlich auf einen anderen materialen Wert als das Recht"[65]. Politik sei ihrem Wesen nach dynamisch-irrational – im Gegensatz zum statisch-rationalen Recht[66]. Träfe diese Auffassung auch unter dem Grundgesetz noch zu, so könnte unsere These von der rechtlichen Bindung aller Staatsgewalt an das Gemeinwohl nicht richtig sein. Denn unsere These muß voraussetzen, daß weder zwischen Politik und Recht noch zwischen Politik und Rationalität ein notwendiger „wesensmäßiger" Gegensatz besteht, und steht damit in diametralem Gegensatz zur Auffassung von *Leibholz*. Die Darstellung der tieferen Gründe für diese Divergenz und der Überholtheit der Auffassung von *Leibholz* unter dem Grundgesetz würde den Rahmen dieser Untersuchung sprengen. Wir werden diese Fragen in einer in Vorbereitung befindlichen gesonderten Veröffentlichung behandeln.

7. Konsequenzen

Die Geltung des Wirtschaftlichkeitsgebots als Verfassungsprinzip und die Bindung auch der Legislative hat Konsequenzen für die Kontrolle:

a) Das *Bundesverfassungsgericht* überprüft Gesetze etc. auch anhand objektiven Verfassungsrechts, z. B. im Verfahren der abstrakten Normenkontrolle gem. Art. 93 I Nr. 2 GG. Entsprechendes gilt gegebenenfalls für die Staatsgerichtshöfe bzw. Verfassungsgerichtshöfe der Bundesländer. Wenn das Wirtschaftlichkeitsgebot Verfassungsgebot ist, das auch den Gesetzgeber bindet, ist es denkbar, daß ein Gesetz vom Verfassungsgericht auf die Beachtung dieser Bindung kontrolliert und vom Gericht wegen Verstoßes gegen dieses Gebot für verfassungswidrig erklärt werden kann. Die daraus resultierenden Kontrollwirkungen dürfen andererseits nicht überschätzt werden: Die geringe Stringenz des Wirtschaftlichkeitsprinzips beläßt dem Gesetzgeber einen weiten Spielraum. Dadurch werden aber auch die Bedenken gegen eine Wirtschaftlichkeitskontrolle des Gesetzgebers gemindert, die etwa auf die Befürchtung hinauslaufen könnten, die Gerichte würden durch sie überfordert. Und doch gibt es immer wieder Fälle, wo öffentliche Verschwendung eindeutig feststellbar ist.

---

[64] Vgl. z. B. auch *Krebs,* Kontrolle, 199.

[65] *Leibholz,* Strukturprobleme der modernen Demokratie, Neuausgabe 1974 der 3. Aufl., 1967, 282 ff. (287). Zu den Quellen dieses Staatsverständnisses vgl. *Hermann Heller,* Staatslehre, 1934, 7 ff., 206 f. mwN.

[66] *Leibholz,* Strukturprobleme, 287 f., 323.

b) Ist der Gesetzgeber an das Wirtschaftlichkeitsgebot gebunden, so kommt auch eine Wirtschaftlichkeitskontrolle des parlamentarischen Gesetzgebers durch die *Rechnungshöfe* in den Blick. Zur Bejahung einer Wirtschaftlichkeitskontrolle des Parlaments durch den Rechnungshof bedarf es allerdings nicht unbedingt der Annahme einer verfassungsrechtlichen Bindung des Parlaments; eine rechtliche Bindung des Haushaltsgebers wird ja bereits durch andere Bestimmungen begründet (oben XIII). Denkbar ist darüber hinaus, daß das Wirtschaftlichkeitsprinzip im Hinblick auf den Gesetzgeber auch dort Kontrollnorm ist, wo es diesen nicht auch als Handlungsnorm bindet. Dazu sogleich unter 8.

8. Das Wirtschaftlichkeitsprinzip als verfassungsrechtliche Kontrollnorm auch für den parlamentarischen Gesetzgeber

Auch wenn man eine Bindung des parlamentarischen Gesetzgebers selbst an das Wirtschaftlichkeitsprinzip in Abrede stellt, ist damit die Möglichkeit einer Kontrolle auch das Parlaments auf Wirtschaftlichkeit noch nicht ausgeschlossen. Diesen für die Rechnungshof-Kontrolle besonders wichtigen Ansatz haben vor allem *Walter Krebs* und *Andreas Greifeld* entfaltet[67]. *Krebs* legt zunächst dar, daß Prüfung, Unterrichtung und Beratung unterschiedliche Aspekte einer umfassenden Kontrollaufgabe der Rechnungshöfe seien[68]. Die Rechnungshöfe hätten nicht nur repressive, sondern auch präventive und edukatorische Funktion[69]. Insgesamt hätten die Rechnungshöfe, die zwar an den Entscheidungen der Kontrollierten rechtlich nicht beteiligt seien, aber gleichwohl die von diesen durchgeführten Entscheidungsprozesse mitdeterminierten[70], die Funktion, zu mehr Rationalität jener Entscheidungen beizutragen[71]. Der Kontroll*gegenstand* der Rechnungshöfe („Haushalts- und Wirtschaftsführung" des Bundes bzw. eines Landes) sei umfassend, weil praktisch alle staatlichen Handlungen mit Ausgaben, Aufwendungen oder Kosten verbunden seien[72]. Umfassend sei auch der Kontroll*maßstab* der Wirtschaftlichkeit[73]. Es handele sich um ein offenes Prinzip, das „vorfindliche Wertmaßstäbe" voraussetze und dessen Eigenart gerade darin bestehe, daß es jedenfalls „für sich genommen den Umfang einer ‚Wirtschaftlichkeits'-Kontrolle nicht zu begren-

---

[67] *Krebs*, Kontrolle, 170 ff.; *Greifeld*, Wirtschaftlichkeitsprüfer, 83 ff.
[68] *Krebs*, 170 – 175 (173).
[69] *Krebs*, 175 – 177.
[70] *Krebs*, 175, 181.
[71] *Krebs*, 178. Die Rechnungshöfe erweisen sich so als „institutionell verselbständigte Elemente des funktionengegliederten Verfassungsprozesses". (*Krebs*, 181).
[72] *Krebs*, 181 f.
[73] *Krebs*, 184 ff.

zen" vermöchte[74]. Solange die Wertungen, die bei der Anwendung des Wirtschaftlichkeitsprinzips erforderlich seien, nicht gesetzt werden, sei davon aus-
zugehen, daß „die den Rechnungshöfen zustehende Befugnis zur Wirtschaftlichkeitskontrolle regelmäßig die zur Bildung eigener Kontrollmaßstäbe in
mehr oder minder großem Umfang einschließt"[75]. Auch gesetzliche Mittel-
und Zweckfestlegungen unterlägen einer potentiellen Wirtschaftlichkeitskontrolle. Es sei nur eine Frage der Beurteilungsebene. Denn für den Gesetzgeber selbst seien derartige Festlegungen disponibel[76].

Eine Begrenzung des Kontrollmaßstabes der Wirtschaftlichkeit könnte sich
allerdings aus der *Funktion des Entlastungsverfahrens* ergeben. Wäre das Entlastungsverfahren, wie *Greifeld* jedenfalls bei der rechnungsabhängigen Kontrolle annimmt[77], nur auf den Programmvollzug, nicht auch auf die *Setzung*
des Programms und die dabei vorgenommenen Zwecksetzungen bezogen, so
hätte das Parlament dieses Programm hinzunehmen und nur zu prüfen, ob die
Vorgaben bei der Durchführung eingehalten worden sind. Gleiches müßte
nach dem Grundsatz der Akzessorietät von Kontroll- und Entscheidungskom-
petenz[78] dann auch für die Rechnungshofkontrolle gelten[79].

Krebs zeigt nun auf, daß das Entlastungsverfahren Bestandteil der umfassenden politischen Kontrolle der Regierung durch das Parlament sei und seine
Funktion nicht nur im Abschluß des Budgetzyklus' bestehe, sondern auch
darin, daß es als Grundlage für die zukünftige finanz- und haushaltswirtschaft-
liche Gestaltung diene. „Die Stellung des Art. 114 GG spricht demnach dafür,
daß dem Entlastungsverfahren eine Rückkoppelungsfunktion im permanen-
ten Entscheidungsprozeß der staatlichen Haushalts- und Wirtschaftsführung
zukommt ... Dann aber kann nicht nur der Programmvollzug, sondern muß
ebenso auch das Programm selbst Kontrollgegenstand sein."[80] Aus der Funktion des Entlastungsverfahrens ergebe sich also keine Kontrollrestriktion des
Parlaments. Dann lasse sich aber – jedenfalls daraus – auch keine Kontrollrestriktion des Rechnungshofs ableiten[81]. Aus der Funktion des Rechnungshofs
und dem Sinn des Entlastungsverfahrens folge vielmehr: „Wenn das Entlastungsverfahren seine Rückkoppelungsfunktion im Planungs- und Entscheidungsprozeß der Haushalts- und Wirtschaftsführung erfüllen will, muß auch
das gesetzgeberisch festgeschriebene Entscheidungsprogramm in diesem Verfahren zur Diskussion stehen. Sollen die Rechnungshöfe zur Rationalität

---

[74] *Krebs*, 189.
[75] *Krebs*, 190.
[76] *Krebs*, 191.
[77] *Greifeld*, Wirtschaftlichkeitsprüfer, 80 ff.
[78] *Krebs*, 189 f.
[79] *Krebs*, 192 ff.
[80] *Krebs*, 196.
[81] *Krebs*, 197.

dieses Verfahrens beitragen, kann ihre Kontrollkompetenz nicht an normativ festgelegten Zwecken enden."[82] Daß „die ‚Bemerkungen' zumindest auch der beschriebenen Rückkoppelungsfunktion des Entlastungsverfahrens dienen, verdeutlicht die Pflicht des Bundesrechnungshofs, ‚insbesondere mitzuteilen', welche ‚Maßnahmen für die Zukunft empfohlen werden' (§ 97 Abs. 2 Ziff. 4 BHO), und die Regelung des § 97 Abs. 3 BHO (§ 46 Abs. 2 HGrG), derzufolge in die Bemerkungen ‚Feststellungen auch über spätere oder frühere Haushaltsjahre' aufgenommen werden können."[83]

Damit stellt sich für *Krebs* aber massiv die Frage, „ob den Rechnungshöfen die Funktion und die Kompetenz einer *politischen Kontrolle* zukommt"[84]. Hierzu stellt *Krebs* zunächst klar: „Der Versuch, einen Unterschied zwischen den Rechnungshöfen und den ‚politischen Organen' aufgrund der Eigenart des Kontroll- und Entscheidungsmaßstabs zu konstruieren, etwa in dem Sinne, daß die Parlamente oder Regierungen ‚politisch' zu entscheiden, hingegen die Rechnungshöfe ‚rein fachlich' oder ‚objektiv' zu kontrollieren hätten, ist ... bereits im Ansatz aussichtslos."[85] Denn der Entscheider oder der Kontrollierende sei bei wirtschaftlichen und politischen Maßstäben „auf eigene Einschätzungen, Prognosen, Bewertungen und Zweckfestsetzungen angewiesen"[86].

Allerdings sei das Parlament seinerseits nicht auf Wirtschaftlichkeit verpflichtet[87]. Das Parlament habe auch die Kompetenz zu „irrationalen Einschätzungen und Bewertungen"[88] – im Gegensatz zu den Rechnungshöfen, denen allein eine Rationalitätskontrolle obliege. Die Beurteilungskompetenzen von Parlament und Rechnungshof seien deshalb „nicht deckungsgleich und die Funktion und Kompetenz einer Wirtschaftlichkeitskontrolle durch die Rechnungshöfe mit der einer politischen Kontrolle nicht identisch"[89].

Zum gleichen Ergebnis gelangt *Andreas Greifeld* für die *rechnungsunabhängige* Prüfung. Auch er geht davon aus, die Wirtschaftlichkeitskontrolle könne insoweit nicht von vornherein in dem Sinne verkürzt sein, daß sie die normativ vorgegebenen Zwecke hinzunehmen habe. Vielmehr erhalte der Wirtschaft-

---

[82] *Krebs*, 202.

[83] *Krebs*, 197.

[84] *Krebs*, 198.

[85] *Krebs*, 189.

[86] *Krebs*, 198.

[87] *Krebs* (S. 198 f.) zitiert in diesem Zusammenhang den Satz *Klaus Sterns* (Staatsrecht II, 461): „Im Gegensatz zu den rechtlich fixierten Kontrollmaßstäben der Rechnungshöfe besteht eine solche Begrenzung für das Parlament nicht." Bei *Stern* (a.a.O.) heißt es weiter: „Sie wäre mit dem Grundgedanken des parlamentarischen Regierungssystems nicht vereinbar." Mit den rechtlich fixierten Kontrollmaßstäben sind Rechtmäßigkeit, Ordnungsmäßigkeit, Wirtschaftlichkeit und Sparsamkeit gemeint.

[88] Dazu oben XIV 6 c.

[89] *Krebs*, 199.

lichkeitsmaßstab „überragende Bedeutung, indem Normen als Mittel für höherrangige Zwecke und damit als veränderbar begriffen werden; Kosten und Nutzen bestehender oder erwogener Gesetze können so erhoben werden"[90].

Der Beschränkung der Wirtschaftlichkeitskontrolle von Gesetzen auf die rechnungsunabhängige Kontrolle, die *Greifeld* vornimmt, hält *Krebs* (neben dem verfassungsrechtlichen Sinn des Entlastungsverfahrens) entgegen, auch in § 97 BHO/LHO komme zum Ausdruck, daß der Rechnungshof bei rechnungsabhängiger und -unabhängiger Kontrolle dieselben Maßstäbe anzuwenden habe. § 97 BHO/LHO verpflichtet den Rechnungshof, „das Ergebnis seiner Prüfung" und „Bemerkungen" zusammenzufassen, und unterscheidet insofern nicht zwischen rechnungsabhängiger und -unabhängiger Prüfung. Die Ergebnisse der rechnungsunabhängigen Prüfungen seien demnach zwar zulässige Gegenstände von Berichten außerhalb des Entlastungsverfahrens, sie gingen aber auch in die jährliche Berichterstattung gemäß Art. 114 Abs. 2 GG, § 97 BHO ein[91].

Das Bemerkenswerte an der Argumentation von *Krebs* und *Greifeld* besteht darin, daß eine Wirtschaftlichkeitskontrolle des Parlaments durch den Rechnungshof bejaht wird, obwohl die Autoren gleichzeitig eine *Bindung* des Parlaments an den Grundsatz der Wirtschaftlichkeit verneinen[92]. Bejaht man dagegen eine solche Bindung (oben 4 - 6), so dürfte sich die Kompetenz des Rechnungshofs schon aus diesem Grunde auch auf das Parlament erstrecken[93]. Unwirtschaftliche Parlamentsprodukte können dann jedenfalls als Verstöße gegen den Rechtmäßigkeitsmaßstab beanstandet werden.

Da die Auffassung von der Bindung auch des Parlaments an den Grundsatz der Wirtschaftlichkeit bis auf weiteres aber bestritten bleiben dürfte, ist die Feststellung von großer praktischer Wichtigkeit, daß – unabhängig von diesem Streit - jedenfalls der Rechnungshof befugt ist, die Akte des Parlaments anhand des Wirtschaftlichkeitsgrundsatzes zu kontrollieren.

Im übrigen hat das *positive Haushaltsrecht* zahlreiche Elemente einer Wirtschaftlichkeitskontrolle auch des Parlaments durch den Rechnungshof bereits ausdrücklich verankert. Vor allem haben seit der Haushaltsrechtsreform die Rechnungshöfe die Befugnis, nicht nur Minister und Regierung, sondern auch

---

[90] *Greifeld,* Wirtschaftlichkeitsprüfer, 84.

[91] *Krebs,* 197 mwN.

[92] Hier wird also ein Überschießen der Kontrollnorm über die Bindungsnorm angenommen, also etwas, was in bezug auf die *gerichtliche* Kontrolle schwerlich möglich und sinnvoll wäre, aber hinsichtlich der bloß gutachterlichen Stellungnahmen der Rechnungshöfe durchaus Sinn macht. Im umgekehrten Fall (Bindungsnorm weiter als Kontrollnorm) oben XI 2.

[93] Zur Befugnis der Rechnungshöfe, Zahlungen, die aufgrund eines verfassungswidrigen Gesetzes geleistet werden, zu beanstanden: BVerfGE 20, 56 (96). Vgl. auch *v. Arnim,* Staatslehre, 404 mwN.

Bundestag und Bundesrat aufgrund ihrer Prüfungserfahrungen zu *beraten* (§§ 42 V HGrG, 88 II BHO/LHO). Beratung bezieht sich auf die Lösung gegenwärtiger oder zukünftiger Probleme; diese sind oft vom Haushalts- oder dem allgemeinen Gesetzgeber erst noch zu entscheiden. Der Rechnungshof ist auch sonst frühzeitig in den finanzpolitischen Willensbildungsprozeß eingeschaltet. So sind die *Voranschläge* für den Entwurf der Haushaltspläne dem Rechnungshof zuzuleiten; er kann dazu Stellung nehmen (§ 27 II BHO/LHO). Der Rechnungshof ist weiter zu hören, bevor bestimmte *Verwaltungsvorschriften* des Finanzrechts erlassen werden (§ 103 BHO). Auch in den „Bemerkungen" des Rechnungshofs können und sollen sich Beratungselemente finden. Nach § 97 III BHO können in die Bemerkungen Feststellungen auch über *spätere* Haushaltsjahre aufgenommen werden. Nach § 97 II Ziff. 4 BHO ist in den Bemerkungen mitzuteilen, welche Maßnahmen für die *Zukunft* empfohlen werden. Die Empfehlung kann auch die Änderung von politischen Entscheidungen, z. B. einer Gesetzesvorschrift, beinhalten[94]. Der *Maßstab* aber, aufgrund dessen der Rechnungshof hier durchweg Stellung zu nehmen hat, ist (neben der Rechtmäßigkeit) das Wirtschaftlichkeitsprinzip.

---

[94] *Wittrock,* Möglichkeiten und Grenzen der Finanzkontrolle, ZParl 1982, 209 (214).

XV. Wirtschaftlichkeit und Kompetenz

1. Bund, Länder, Kommunen

Im modernen „polyzentrischen" Staat geht eine wichtige Frage dahin, ob ein Bundesland oder eine Kommune das Wirtschaftlichkeitsprinzip allein auf sich beziehen darf (oder muß) und die Folgen für andere Länder und Verwaltungsebenen ausklammern darf (oder muß) oder ob eine Saldierung mit den Folgen für andere Ebenen vorzunehmen ist.

Im Verhältnis zwischen dem Bund und den Ländern, zwischen den Ländern untereinander und im Verhältnis zu den Kommunen deutet die Kompetenzaufteilung, der ja auch die Kompetenzen der Rechnungshöfe und der kommunalen Prüfungseinrichtungen folgen, dahin, daß jede Körperschaft grundsätzlich nur den eigenen Kompetenzbereich ins Auge zu fassen und ihre Wirtschaftlichkeitsberechnungen auf diesen Bereich zu beschränken hat. Entsprechendes gilt auch für die Kontrolle durch die Rechnungshöfe und die kommunalen Prüfungseinrichtungen. Dieser grundsätzliche Bezug des Wirtschaftlichkeitsprinzips bloß auf den eigenen Kompetenzbereich (dem dann die entsprechende Beschränkung der Kontrolleinrichtung bei der Prüfung folgt) ergibt sich aus der Zusammengehörigkeit und Akzessorietät von Kompetenz, Verantwortung und Kontrolle[1].

Ein Land kann nicht die Aufgaben anderer Länder noch mitzuerfüllen versuchen, eine Gemeinde nicht die Aufgaben des Bundes oder anderer Gemeinden. Allerdings kann das Wirtschaftlichkeitsprinzip eine Verpflichtung begründen, unzweckmäßige Kompetenzabgrenzungen zu ändern oder wenigstens zu Absprachen mit anderen Ebenen zu kommen, die letztlich unwirtschaftlichen Trittbrettfahrer-Wettbewerb oder ähnliches ausschließen.

2. Behörden

Ein ähnliches Problem ergibt sich im Verhältnis zwischen verschiedenen Verwaltungsträgern der gleichen Gebietskörperschaft. Auch hier kann es nicht Sache des einzelnen Verwaltungsträgers sein, eine Totalanalyse zum Zwecke der Maximierung der Nutzen-Kosten-Bilanz der Gebietskörperschaft

---

[1] *Reger,* Bemerkungen zur Finanzkontrolle, VerwArch 1975, 195 (197): „Die *Prüfungskompetenz* richtet sich somit nach der Verantwortung für die zu prüfende Aufgabe, also *nach der Aufgabenkompetenz*". (Hervorh. im Original). *Krebs,* Kontrolle, 189 f.; *Eggeling,* Finanzkontrolle im Bundesstaat, 1986, 85 f., jew. mwN.

insgesamt vorzunehmen[2]. Das wäre Aufgabe des für die ganze Gebietskörperschaft zuständigen Haushaltsgebers. Sache der einzelnen Verwaltungsabteilung kann es grundsätzlich nur sein, jeweils für ihren Kompetenz- und Verantwortungsbereich die Nutzen-Kosten-Bilanz möglichst günstig zu gestalten.

---

[2] Oben III 6 b.

XVI. Relevante Zwecke

Das Gebot der Wirtschaftlichkeit verlangt eine Optimierung der Zweck-Mittel-Relation. Ein Problem ergibt sich bei der Anwendung des Wirtschaftlichkeitsprinzips daraus, daß neben den eigentlichen Hauptzwecken der Verwaltung eine Vielzahl von sonstigen Zwecken (bzw. Auswirkungen alternativer Maßnahmen auf diese Zwecke) eventuell mitberücksichtigt werden müssen. Hier sind zwei Fragen zu unterscheiden: einmal, auf welche Zwecke sich das Wirtschaftlichkeitsprinzip erstrecken muß, zum zweiten, welche Zwecke *nicht* berücksichtigt werden dürfen.

1. Betriebswirtschaftliche, volkswirtschaftliche und gesellschaftliche Zwecke

Bei der Frage, welche Zwecke in die Wirtschaftlichkeitsbeurteilung einzubeziehen sind, ergeben sich zwei sich überschneidende Problemebenen mit je eigener Fragestellung.

Einmal stellt sich die Frage, inwieweit bei der Zweck-Mittel-Relation nur betriebswirtschaftliche Größen einzusetzen sind oder auch die gesamtwirtschaftlichen Vor- und Nachteile, zum zweiten fragt sich, ob neben den rein ökonomischen auch gesellschaftliche Gesichtspunkte einzubeziehen sind[1]. Die erste Frage ist schon deshalb nicht leicht zu beantworten, weil nicht klar ist, was eigentlich mit den Begriffen „betriebswirtschaftlich" und „gesamtwirtschaftlich" gemeint ist. Festzuhalten ist zunächst, daß das Wesen des Staates und seiner Einrichtungen gerade darin besteht, daß sie – anders als private Unternehmen – nicht nur betriebswirtschaftliche Ziele verfolgen dürfen (Gewinnmaximierung), sondern ihre Daseinsberechtigung der Verfolgung öffentlicher Zwecke verdanken. Es geht nicht um Gewinnmaximierung, sondern um Gemeinwohlmaximierung. Selbst wirtschaftliche Unternehmen der öffentlichen Hand lassen sich nach richtiger Auffassung nur mittels spezifisch öffentlicher Zwecke rechtfertigen. Der bloße Zweck „Gewinnerzielung" reicht nicht aus[2]. Im übrigen sei darauf hingewiesen, daß Bund, Länder, Kommunen, bestimmte Sondervermögen, Körperschaften, Anstalten und Stiftun-

---

[1] Vgl. zu beiden Fragestellungen *Eichhorn,* Verwaltungshandeln und Verwaltungskosten, 17 ff., 21 ff.

[2] Statt vieler: *Grupp,* Wirtschaftliche Betätigung der öffentlichen Hand unter dem Grundgesetz, ZHR 1976, 367 (384, 392); *Ehlers,* Verwaltung in Privatrechtsform, 1984, 93 mwN.

gen des öffentlichen Rechts kraft ausdrücklicher Bestimmungen verpflichtet sind, dem gesamtwirtschaftlichen Gleichgewicht Rechnung zu tragen[3]. Insoweit kann also der gelegentlich vertretenen These, die Wirtschaftlichkeitsbindung nach § 7 I BHO/LHO beziehe sich grundsätzlich nur auf die betriebswirtschaftliche Ebene[4], nicht zugestimmt werden. Allerdings ist auch im vorliegenden Zusammenhang zu beachten, daß der Wirtschaftlichkeitsgrundsatz an die Verteilung der Verantwortung und Kompetenz geknüpft und auch die Kontrolle damit akzessorisch verbunden ist (oben XV). Jede Körperschaft (Bund, Land, Kommune) und jede Behörde hat grundsätzlich nur die Kompetenz, über ihre finanziellen Mittel zu disponieren, und die Pflicht, damit ihre Aufgaben zu bewältigen[5].

Zum zweiten stellt sich die Frage, ob die Wirtschaftlichkeitsbeurteilung nur auf in Geld zu berechnende Größen oder auf alle Zwecke zu beziehen und wie gegebenenfalls eine Abgrenzung möglich ist. Auch wenn man zunächst von dem – jedenfalls der Idee nach – engeren haushalts- und vermögensrechtlichen Wirtschaftlichkeitsbegriff ausgeht (oben X 1, 2), steht zwar die optimale Verwendung der finanziellen Mittel (und des Vermögens) im Vordergrund. Das kann jedoch nicht bedeuten, daß nur die *finanziellen* Größen in die Wirtschaftlichkeitsabwägung einzubeziehen wären. Das sieht man auf der Nutzenseite der Abwägungsbilanz schon daran, daß der Nutzen der eingesetzten Mittel (etwa der Nutzen der Bundeswehr, der Rechtsprechung, der Hochschulen etc.) sich häufig nicht finanziell quantifizieren läßt. Das Fehlen von Marktpreisen wegen des Nichtfunktionierens des Marktmechanismus ist ja gerade der Grund, warum der Staat hier tätig werden muß. Auf der *Kosten*seite ist eine Quantifizierung in Form der verwendeten finanziellen Mittel dagegen regelmäßig schon eher möglich. Aber auch auf der Kostenseite können zusätzlich nichtfinanzielle Kosten[6], etwa eine Belastung der Umwelt, relevant werden. Diese müssen dann in die Abwägungsbilanz eingestellt werden. Das gleiche gilt z. B. von den positiven oder negativen Effekten auf die Strukturpolitik (soweit ihre Wahrnehmung zu den Kompetenzen des Verwaltungsträgers gehört[7]) oder auf die Bürgerpartizipation. Hier zeigt sich, daß das Wirtschaftlichkeitsprinzip sich nicht auf rein finanzielle Abwägungen beschränken läßt. Es verlangt vielmehr, die finanziellen Kosten und *andere* Vor- und Nachteile der verschiedenen alternativen Lösungen gegeneinander

---

[3] Art. 109 II GG, §§ 1, 13, 14, 16 StabG und entsprechende Bestimmungen in den Gemeinde- und Landkreisordnungen der Bundesländer. Vgl. auch den Hinweis bei *Spaeth*, Finanzkontrolle in Bayern, in: 175 Jahre Bayerischer Oberster Rechnungshof, 1987, 9 (18).

[4] So für die Wirtschaftlichkeitskontrolle *Sigg*, Rechnungshöfe, 70 ff.; *Sauer / Blasius*, DVBl. 1985, 548 (552).

[5] Vgl. auch *Püttner*, Verwaltungslehre, 240 ff.

[6] Dazu, daß der Begriff „Kosten" auch gesellschaftliche („soziale") Kosten umfaßt, oben III Fn. 11.

[7] Oben XV.

abzuwägen mit dem Ziel, das günstigste Verhältnis von Kosten und Nutzen zu erreichen. Die Verwendung finanzieller Mittel ist nur der Anlaß und Ausgangspunkt für die Abwägung[8].

Demgegenüber wird immer wieder angenommen, der Grundsatz der Wirtschaftlichkeit sei bei Bestimmung des Verwaltungshandelns „nicht alleiniges Prinzip und nicht oberstes Prinzip, sondern ein Grundsatz unter mehreren, der gegen andere Postulate (Rechtsstaatsprinzip, Sozialstaatsprinzip usw.) abgewogen werden und unter Umständen zurücktreten muß"[9]. Diese Argumentation ist mit der Struktur des Wirtschaftlichkeitsprinzips nicht vereinbar. Das Wirtschaftlichkeitsprinzip verlangt eine Abwägung aller relevanten Ziele. Es ist nicht mit anderen Prinzipien abzuwägen, sondern es enthält selbst das Gebot der Abwägung[10].

2. Ausscheiden bestimmter Zwecke

Andererseits braucht nicht jeder aus der Sicht *irgendwelcher* Betroffener nachteilige Aspekt in die Wirtschaftlichkeitsabwägung einbezogen zu werden. Das Wirtschaftlichkeitsprinzip ist *begrifflich* zwar an sich auf alle Zwecke und ihre Optimierung anwendbar (oben VI). Als *Rechts*prinzip erfährt das Wirtschaftlichkeitsprinzip aber insofern eine Einschränkung, als es auf die der *Wertordnung des Grundgesetzes* zugrundeliegenden Zwecke bezogen werden muß[11]. Das bedeutet gleichzeitig, daß solche Zwecke, die nach dieser Wertordnung nicht akzeptabel sind, bei der Wirtschaftlichkeitsermittlung nicht einbezogen werden dürfen. Dazu ein Beispiel: Eine Straffung des Arbeitsablaufs in einer Behörde würde es ermöglichen, die gleichen Verwaltungsaufgaben wie bisher mit weniger Verwaltungspersonal zu bewältigen. Es könnte allerdings sein, daß dies nicht ohne eine gewisse Mehrbelastung für das beteiligte Personal abginge. Hier stellt sich die Frage, ob zwischen beidem abzuwägen ist, ob also die Einsparung an finanziellen Mitteln *und* die größere Arbeitsbelastung für das Personal in die Abwägungsbilanz einzubeziehen sind. Die Frage ergibt sich in entsprechender Weise, wenn die Verwaltungsaufgaben auch mit geringer besoldetem Personal bewältigt werden könnten[12].

---

[8] Hier zeigt sich erneut, daß es – entgegen immer noch verbreiteter Auffassung – nicht sinnvoll (und analytisch auch gar nicht möglich) ist, zwischen ökonomischen und außerökonomischen Zielen zu unterscheiden (oben X 2).

[9] So *Püttner*, Verwaltungslehre, 237. Vgl. auch S. 238: „Der Wirtschaftlichkeitsgrundsatz trete in Kombination und in Konkurrenz mit anderen Grundsätzen auf." Es gehe hier um die Frage, „welchen Stellenwert der Grundsatz der Wirtschaftlichkeit im konkreten Fall . . . beanspruchen kann."

[10] Näheres oben V.

[11] Dazu oben VIII.

[12] Zur Unwirtschaftlichkeit der Gewährung von Zuschüssen durch einen Sozialversicherungsträger, die von anderen öffentlichen Verwaltungsträgern nicht gewährt werden, vgl. die oben unter III 7 b angeführte Entscheidung des BSG v. 29. 2. 1984 (BSGE 56, 197/199 ff.).

Die für die Betroffenen sicher nachteiligen Aspekte sind m. E. dann nicht zu berücksichtigen und in die Abwägung einzubeziehen, wenn es sich lediglich um die Herstellung *üblicher* Arbeits- und Leistungsbedingungen handelt. Diese Feststellung könnte relevant werden etwa bei der Privatisierung der Gebäudereinigung. Sollte sich z. B. erweisen, daß die Gebäudereinigung mit eigenen Kräften der öffentlichen Hand aufgrund eines höheren Lohnniveaus und geringerer Leistungsanforderungen im Vergleich zur Gebäudereinigung durch private Unternehmen durch höhere Kosten gekennzeichnet ist, so könnte die Aufrechterhaltung des höheren Lohnniveaus im öffentlichen Dienst (Lohnprivileg) und der geringeren Leistungsanforderungen (Leistungs- privileg) nicht als akzeptabler Zweck anerkannt werden, der in die Abwägung einbezogen werden dürfte. (Das gilt erst recht, wenn man noch die größere Sicherheit des Arbeitsplatzes im öffentlichen Dienst berücksichtigt). Daß die Aufrechterhaltung der genannten Privilegien nicht als Zweck, der in die Abwägung eingeht, anerkannt werden darf, folgt aus der Dienstfunktion des Staates und seiner Organe und Bediensteten[13]: Der Staat muß von Verfas- sungs wegen den Bürgern dienen, er darf nicht den Staatsdienern als solchen dienen[14]. Das schließt natürlich nicht aus, daß die öffentlichen Bediensteten angemessene Konditionen (Gehalt, Arbeitszeit, Arbeitsanforderungen etc.) beanspruchen können. Nicht dazu gehört jedoch die Erlangung und Aufrecht- erhaltung von unangemessenen Vorteilen[15]. Die Erlangung und/oder Auf- rechterhaltung von Privilegien öffentlicher Bediensteter scheidet als akzepta- bles Ziel von Verfassungs wegen aus und darf deshalb bei der Wirtschaftlich- keitsermittlung nicht in die Abwägungsbilanz eingestellt werden.

---

[13] Vgl. auch oben XIV 4 - 6.

[14] Dazu *v. Arnim*, Staatslehre, 127 ff. mwN.

[15] BVerfGE 40, 296 (317): „Die Demokratie des Grundgesetzes ist eine grundsätz- lich privilegienfeindliche Demokratie."

XVII. Wirtschaftlichkeitsprinzip und sonstige Rechtsnormen

Es wurde bereits dargelegt, daß das Prinzip der Wirtschaftlichkeit ein bindendes Rechtsprinzip ist (oben XI 1). Daraus folgt: Verstöße gegen den Wirtschaftlichkeitsgrundsatz *sind* Rechtsverstöße. Diese Feststellung erschöpft die Problematik aber nicht. Es ergeben sich vor allem *zwei Fragen:* Wie unterscheiden sich der Wirtschaftlichkeitsgrundsatz und Recht ieS und welche Norm geht im Kollisionsfall vor?

1. Unterschiedliche Struktur

Ein entscheidender Unterschied zwischen Rechtmäßigkeit (ieS, also unter Ausschluß der Wirtschaftlichkeit) und Wirtschaftlichkeit liegt in der *Struktur* der Rechtssätze und dementsprechend auch in der *Methode,* mittels derer jeweils vorgegangen wird: Rechtmäßigkeit impliziert konditionale Programmierung und wird mittels Subsumtion ermittelt. Wirtschaftlichkeit setzt finale Programmierung voraus und wird mittels Optimierung ermittelt[1]. (Dies ist allerdings nur eine idealtypische Unterscheidung, die nicht sämtliche Fälle trifft, weil auch zur Ermittlung der Rechtmäßigkeit teilweise die Optimierungsmethode Verwendung finden muß[2].)

2. Vorrang des Rechts ieS vor dem Wirtschaftlichkeitsprinzip

Aus der unterschiedlichen Struktur ergibt sich auch die Vorrangregel für den Kollisionsfall. Für das Verhältnis des Wirtschaftlichkeitsgebots zu Rechtsregeln gilt insofern gleiches wie für das Verhältnis von Prinzipien zu Regeln[3]: Wenn Regeln bestehen, unter die subsumiert werden kann, gehen diese grundsätzlich dem Wirtschaftlichkeitsgebot vor. Das folgt daraus, daß konditionalprogrammierende Normen, unter die subsumiert werden kann, bewirken, daß drei Grundwerte in höherem Maße realisiert werden können: Rechtssicherheit und – durch die engere Bindung des Auslegers an das Gesetz – auch Gleichheit und demokratische Mitwirkung der Bürger bei der Rechtsbildung[4]. Das bedeutet: Das Wirtschaftlichkeitsgebot kann grundsätzlich nur

---

[1] Näheres oben IV und V.

[2] Vgl. auch *Reinermann,* Messungsprobleme, 230.

[3] Dazu, daß das Wirtschaftlichkeitsgebot, genau genommen, kein Rechts"prinzip" ist, oben V.

[4] Diese Gedanken bedürfen einer näheren Ausarbeitung, die sich unter dem Titel „Rechtsbildung und Methodik" in Vorbereitung befindet.

im Rahmen der Regeln gelten. Ein der Rechtsnorm ieS Unterworfener *muß* sie einhalten[5]. Er darf eine wirtschaftliche Maßnahme also nicht unter Verletzung des Rechts ieS durchsetzen[6]. So gesehen, begrenzt das Recht ieS die Anwendbarkeit des Wirtschaftlichkeitsprinzips. Soweit es um das Verhalten des Anwenders (und nicht des Setzers) der Regeln geht, sind Regeln nicht Gegenstand des Wirtschaftlichkeitsprinzips, sondern Rahmen für die Anwendung des Wirtschaftlichkeitsgebots[7].

Als *Formel* (die allerdings gewisse Schwierigkeiten und Unschärfen unterdrückt) gilt: Unter den sonst rechtmäßigen ist die wirtschaftliche Maßnahme auszuwählen. Rechtmäßigkeit ieS gibt den Rahmen, innerhalb dessen die wirtschaftliche Lösung zu ermitteln und durchzusetzen ist.

Der Wirtschaftlichkeitsgrundsatz entfaltet deshalb, was die Verwaltung angeht, in den Bereichen Wirkung, die nicht streng durch Regeln determiniert sind: im Bereich der Eingriffsverwaltung dort, wo dieser ein Ermessensspielraum eingeräumt ist, in der nicht gesetzesakzessorischen Leistungsverwaltung, im Bereich der inneren Organisation und des inneren Verfahrens der Verwaltung.

3. Zusammenfassung

Man kann also zusammenfassend festhalten: Recht ieS und das rechtliche Wirtschaftlichkeitsprinzip sind zwar beide Recht, aber Recht unterschiedlicher Art. Sie unterscheiden sich durch ihre *Struktur* und die jeweils erforderliche *Methode* der Auslegung. Daraus folgt auch die Vorrangsregel: Recht ieS geht dem Wirtschaftlichkeitsgrundsatz vor.

4. Unterschiede bei der Rechtsetzung

Die Begrenzung von Wirtschaftlichkeitserwägungen auf den nicht durch Rechtsregeln determinierten Bereich gilt jedenfalls für den, der der Regel unterworfen ist. Dagegen kann es für denjenigen, zu dessen Disposition die Rechtsnorm steht (Parlament und sonstige an der formellen Gesetzgebung beteiligte Organe, Exekutive, die eine Rechtsverordnung oder eine Satzung erläßt), ein Gebot der Wirtschaftlichkeit sein, unsinnige, überholte oder sonst

---

[5] Hierzu auch *Greifeld,* Wirtschaftlichkeitsprüfer, 36 ff.

[6] Dies ist jedenfalls der Grundsatz. Die Frage, inwieweit in *krassen Fällen* auch etwas an sich Verbotenes getan werden darf, damit Geld gespart wird – *Herbert König,* Rahmenbedingungen wirksamer Finanzkontrolle, Beiträge zur Verwaltungswissenschaft, 1985, 74, spricht von Fällen „übergesetzlichen Notstands" – bedürfte besonderer Untersuchung.

[7] Man beachte, daß die im Text gegebene Begründung für den grundsätzlichen Vorrang der Subsumtion vor der Optimierung ohne Heranziehung des Grundsatzes vom Vorrang des Außenrechts gegenüber dem Haushaltsrecht als Innenrecht (*Mußgnug,* Der Haushaltsplan als Gesetz, 312 ff.) auskommt.

zu unwirtschaftlichen Ergebnissen führende Normen zu beseitigen bzw. durch
bessere zu ersetzen[8].

5. Die Bedeutung des Worts „beachten" in § 7 I BHO/LHO

Mit dem vorstehend skizzierten Verhältnis von Rechtmäßigkeit ieS und
Wirtschaftlichkeit stimmt es überein, daß § 6 I HGrG und § 7 I BHO/LHO
nur davon sprechen, daß die Grundsätze der Wirtschaftlichkeit und Sparsamkeit zu *beachten* sind[9]. Die Formulierung bringt zum Ausdruck, daß keine
absolute Bindung an das Wirtschaftlichkeitsprinzip besteht, sondern daneben
andere Rechtsnormen berücksichtigt werden müssen, eben die durch Subsumtion zu ermittelnden Rechtsregeln[10].

---

[8] Vgl. auch schon oben VII.

[9] In den einschlägigen Kommentaren zur Bundeshaushaltsordnung findet sich nichts
zur Bedeutung des Wortes „beachten".

[10] Ein entsprechendes Verhältnis des Wortes „beachten" liegt auch § 1 I StabG
zugrunde; ähnlich Art. 109 II GG: „Rechnung tragen"; vgl. auch Art. 33 V GG: unter
„Berücksichtigung" der hergebrachten Grundsätze des Berufsbeamtentums.

XVIII. Wirtschaftlichkeit als Innenrecht

Das öffentliche Recht unterscheidet zwischen Außen- und Innenrecht[1]. Die Unterscheidung geht auf den klassischen Dualismus von (monarchischem) Staat und (bürgerlicher) Gesellschaft zurück. Ursprünglich war „Recht" nur, was den Bürger tangierte, d. h. in seine Sphäre eingriff[2]. Nur für solche Eingriffe bedurfte es des Gesetzes und damit der Zustimmung der Volksvertretung. Der staatsinterne Bereich konnte dagegen vom Monarchen geregelt werden; er galt als rechtsfreier Raum, der aufgrund des sog. monarchischen Prinzips zum „Vorbehaltsgut" der monarchischen Regierung gehörte und die Bürger sozusagen nichts anging. „Innenrecht" war also ursprünglich gar kein Recht. Es handelte sich um interne Vorschriften und Anweisungen des als „impermeabel" gedachten Staates an seine Organe und Organteile. Ein Hauptgebiet des Innenrechts ist das Haushaltsrecht, auch das Gebot der Wirtschaftlichkeit und Sparsamkeit, das deshalb ursprünglich nicht als Recht angesehen wurde.

Die Voraussetzungen dieser Lehre sind heute verfassungstheoretisch und positiv-verfassungsrechtlich entfallen[3]. Heute ist die frühere Verengung des Begriffs „Recht" erklärtermaßen aufgegeben und weitgehend anerkannt, daß auch das staatliche Innenrecht bindendes Recht ist. Das gilt auch für das Wirtschaftlichkeitsgebot (oben III und XI). Dennoch ist – bewußt oder unbewußt – die Auffassung immer noch verbreitet, daß es sich beim Wirtschaftlichkeitsgebot, wenn überhaupt um Recht, so doch um Recht minderen Ranges handle[4]. Dieses tiefsitzende Vorurteil kommt bei der Handhabung des Grundsatzes der Wirtschaftlichkeit immer wieder zum Vorschein.

1. Außenrechtliche Wirkung?

Die Frage kommt zum Schwur, wenn das Gebot der Wirtschaftlichkeit in Konflikt gerät zu außenrechtlichen Bestimmungen. Hier sind verschiedene

---

[1] Statt aller *Maurer,* Allgemeines Verwaltungsrecht, § 3 I 2 (S. 22 f.); *Mayer / Kopp,* Allgemeines Verwaltungsrecht, 5. Aufl., 1985, § 4 II 4 (S. 76).

[2] *Laband,* Das Staatsrecht des Deutschen Reiches, 5. Aufl., 2. Bd., 1911, 181 ff.

[3] *Böckenförde,* Die Organisationsgewalt im Bereich der Regierung, 1964, 63 ff.; vgl. auch *K. Vogel,* Gefahrenabwehr, § 24 Nr. 1 (S. 373 f.); *H. H. Rupp,* zuletzt in: „Ermessen", „unbestimmter Rechtsbegriff" und kein Ende, FS für Zeidler, 1987, 455 (460).

[4] Vgl. exemplarisch *Haverkate,* Rechtsfragen des Leistungsstaates, 1983, 171, der § 23 BHO kurzerhand den normativen Charakter abspricht.

Fallgruppen zu unterscheiden. Bestehen klare außenrechtliche Bestimmungen, deren Inhalt sich subsumtiv ermitteln läßt und die auf den zu beurteilenden Fall anwendbar sind, muß das Wirtschaftlichkeitsprinzip zurücktreten. Ein Widerspruch kann sich nicht ergeben. Dieses Ergebnis ist, genau genommen, selbstverständlich und wäre nicht anders, wenn das Wirtschaftlichkeitsprinzip mit einer klaren *innen*rechtlichen Bestimmung kollidieren würde. Auch in diesem Fall müßte das Wirtschaftlichkeitsprinzip zurücktreten (oben XVII 2).

Wie aber ist die Situation, wenn lediglich finalprogrammierende oder überhaupt keine außenrechtlichen Normen vorliegen? Dürfen und müssen hier Wirtschaftlichkeitserwägungen herangezogen werden? Bejaht man diese Frage, so gewinnt das Wirtschaftlichkeitsgebot – jedenfalls im Ergebnis – auch im Außenverhältnis zum Bürger Relevanz. Diese Auffassung wird in der neueren Rechtslehre vorsichtig tastend vertreten. So geht *Grupp* von der Anwendbarkeit des Wirtschaftlichkeitsprinzips aus, wenn „dem nicht Rechtsnormen entgegenstehen", vielmehr „die Möglichkeit der Wahl zwischen mehreren Maßnahmen besteht, die gleichermaßen als rechtmäßig anzusehen sind"[5]. Auch *Paul Kirchhof* gibt dem Haushaltsrecht „unmittelbaren Einfluß auf das Verwaltungshandeln, soweit das spezielle Verwaltungsrecht keine oder nur eine unvollständige Regelung trifft"[6]. Das Haushaltsrecht sei als bindender Rechtsmaßstab anzuerkennen, „dem gegenüber allerdings das Verwaltungsschuldrecht das speziellere Recht" sei. Wenn aber „das speziellere Verwaltungsschuldrecht keine Aussage trifft – wie weitgehend im Subventionsrecht – oder wenn es eine offene Aussage trifft – wie bei den Beurteilungs- und Ermessensspielräumen –, dann wird das Haushaltsrecht als unmittelbar geltendes Zweitmotiv für die Verwaltungsentscheide verbindlich"[7]. Ganz ähnlich meint *v. Mutius,* es beständen dort Einbruchstellen für haushaltsrechtliche Steuerungseffekte, wo das materielle Verwaltungsrecht keine vollständige Determination des Verwaltungshandelns bewirke, insbes. bei der Auslegung von unbestimmten Rechtsbegriffen und bei Einräumung von (Rechtsfolge-)Ermessen[8]. Auch *Friauf* und *Klaus Vogel* heben die „ermessensleitende Funktion" des Wirtschaftlichkeitsgebot hervor[9].

Zusammenfassend ergibt sich: Beläßt das Außenrecht einen Entscheidungsspielraum, so sind die Grundsätze der Wirtschaftlichkeit zu beachten. Werden sie verletzt, so handelt die Verwaltung rechtswidrig.

---

[5] *Grupp,* DÖV 1983, 661 (663).

[6] *Kirchhof,* Die Steuerung des Verwaltungshandelns durch Haushaltsrecht und Haushaltskontrolle, NVwZ 1983, 505 (511 f.).

[7] *Paul Kirchhof,* VVDStRL 42, 288 (Diskussionsbeitrag).

[8] *v. Mutius,* Die Steuerung des Verwaltungshandelns durch Haushaltsrecht und Haushaltskontrolle, VVDStRL 42, 147 (198 f.).

[9] So *Friauf,* Ordnungsrahmen für das Recht der Subventionen, Referat auf dem 55. Deutschen Juristentag 1984, Bd. II, S. M8 (M30); ähnlich *Klaus Vogel,* Gefahrenabwehr, S. 373, 393.

2. Fehlerfolgen

Einige Fragen bleiben allerdings offen, vor allem die Frage, welche rechtlichen Folgen es für außenwirksame Entscheidungen hat, wenn sie unter Verletzung des Wirtschaftlichkeitsgebots[10] zustandegekommen sind. *Hans Meyer* hat darauf hingewiesen, es gäbe für derartige Fälle keine „Rechtsfehlerfolgenlehre"[11]. Klar ist zunächst, daß die Rechnungshöfe befugt sind, derartiges rechtswidriges Verhalten zu beanstanden. Im übrigen wird man mehrere Frageebenen unterscheiden müssen: einmal die Frage der Rechtswidrigkeit des Aktes, zum zweiten die Frage seiner Anfechtbarkeit durch den Adressaten und seiner Aufhebbarkeit durch die Behörde selbst. Was die (von der Rechtswidrigkeit des Handelns der Behörde zu unterscheidende) Frage der Rechtswidrigkeit des Aktes anlangt, so sei zunächst darauf hingewiesen, daß Verstöße gegen andere Normen des Innenrechts durchaus zur Rechtswidrigkeit des entsprechenden Aktes auch im Außenverhältnis führen können. So wird z. B. ein Subventionsbescheid ohne Ermächtigung im Haushaltsplan[12] als rechtswidrig angesehen[13]. Es wäre durchaus zu erwägen, diese Rechtsfolge auch bei Verstößen gegen das Wirtschaftlichkeitsprinzip anzunehmen. Auch dann könnte der Adressat die Entscheidung allerdings nicht wegen Verletzung des Wirtschaftlichkeitsgrundsatzes anfechten; denn dieser Grundsatz gehört nur dem objektiven Recht an und begründet keine subjektiven Rechte[14]. In Betracht käme aber die Rücknahme der Entscheidung durch die Behörde selbst nach den dafür geltenden allgemeinen Vorschriften (§ 48 VwVfG, 44a BHO/LHO).

Diskutabel erscheint aber auch ein anderer Ansatz, der darauf hinausläuft, den Rechtsgedanken heranzuziehen, der auch der Unterscheidung zwischen interner Handlungsbefugnis und Außenvertretungsrecht, etwa im Kommunalrecht, zugrundeliegt[15]: Ein Verwaltungsakt, etwa ein Subventionsbescheid, der gegen das Wirtschaftlichkeitsgebot verstößt, hätte so nicht ergehen dürfen. Der Organwalter hat durch seinen Erlaß einen Rechtsverstoß begangen. Gegenüber dem *Adressaten* handelt es sich jedoch nicht um einen rechtsfehlerhaften Akt[16]. Die Beurteilung der Wirtschaftlichkeit oder Unwirtschaftlich-

---

[10] Es geht also nicht um den Fall, daß das Wirtschaftlichkeitsprinzip einer entgegenstehenden Regel weichen muß, sondern darum, daß die Verwaltung das von ihr im konkreten Fall an sich zu beachtende Wirtschaftlichkeitsprinzip verletzt hat.

[11] *Hans Meyer,* VVDStRL 42, 314 (Diskussionsbeitrag).

[12] BVerwGE 6, 282 (287); BVerwG, 17. 3. 1977, DÖV 1977, 606.

[13] *Jarass,* Der Vorbehalt des Gesetzes bei Subventionen, NVwZ 1984, 473 (479); *Stober,* Zur Problematik des § 44 a Abs. 1 BHO und des entsprechenden Länderrechts, DÖV 1984, 265 (273). Vgl. auch OVG Münster, 24. 9. 1981, NVwZ 1982, 381.

[14] Näheres unten XIX.

[15] *Wolff / Bachof / Stober,* Verwaltungsrecht II, 5. Aufl., 1987, § 87 III (S. 106 ff.); *Fritz,* Vertrauensschutz im Privatrechtsverkehr mit Gemeinden, 1983.

[16] Vgl. auch *Mußgnug,* Der Haushaltsplan als Gesetz, 313: Die rechtliche Verbindlichkeit der Verträge und Verwaltungsakte der Verwaltung bleibt unberührt.

keit einer Maßnahme verlangt einen Vergleich mit anderen alternativen Handlungsmöglichkeiten der Verwaltung, den der Adressat gar nicht vornehmen kann. Er ist deshalb in einer ähnlichen Lage wie derjenige, dem gegenüber etwa ein außenvertretungsberechtigtes Kommunalorgan tätig wird. Auch hier kann der Adressat in aller Regel nicht feststellen, ob das Organ im Innenverhältnis berechtigt ist[17] und braucht es deshalb auch nicht festzustellen. Die Außenvertretungsakte sind unabhängig von der Befugnis im Innenverhältnis rechtmäßig und wirksam[18]. Die gleiche Situation besteht aber auch dann, wenn ein Akt unter Verletzung der Wirtschaftlichkeit erlassen wird. Auch hier kann der Adressat – mangels Kenntnis der Interna – regelmäßig nicht erkennen, ob die Grundsätze der Wirtschaftlichkeit eingehalten sind. Es erscheint deshalb nicht unangemessen, dem Adressaten gegenüber den Bescheid grundsätzlich als rechtmäßig anzusehen.

3. Das Urteil des VGH Baden-Württemberg vom 1. 2. 1983

Welche Rolle das Wirtschaftlichkeitsprinzip spielen kann, wenn das materielle Verwaltungsrecht einen Ermessensspielraum läßt, sei an einem Fall erläutert, den der *Verwaltungsgerichtshof Baden-Württemberg* entschieden hat[19]. Der VGH hatte sich mit dem Widerruf eines Zuwendungsbescheides wegen Fehlens der rechtlichen Voraussetzungen für die Zuwendung zu befassen. Für einen derartigen Widerruf gilt jetzt § 44a BHO/LHO; zur Zeit der Entscheidung galt der gleichlautende § 12 I StHG BW 1981/1982. Danach „kann" in derartigen Fällen ein Widerruf erfolgen. Es handelt sich also um eine Ermessensentscheidung. Die Behörde hat den Widerrufsbescheid nicht begründet. Nach § 39 II Nr. 2 LVwVfG ist eine Begründung entbehrlich, wenn dem Adressaten „die Auffassung der Behörde über die Sach- und Rechtslage bereits bekannt oder auch ohne schriftliche Begründung für ihn ohne weiteres erkennbar ist." Diese Ausnahme von der grundsätzlichen Begründungspflicht hat der VGH im vorliegenden Fall als gegeben angenommen und in diesem Zusammenhang grundlegende Ausführungen über die Bedeutung des Prinzips der Wirtschaftlichkeit und Sparsamkeit für derartige Widerrufsentscheidungen gemacht:

Wer Zuschüsse gewährt – hier der Beklagte –, „muß sich bei der Entscheidung über die Rückforderung zweckwidrig verwendeter und nicht mehr bestimmungsgemäß ver-

---

[17] Darin liegt der Unterschied zur Gewährung einer Subvention ohne Ermächtigung im Haushaltsplan. Ihr Fehlen kann der Adressat „ohne jede Schwierigkeit durch Einsichtnahme in den Haushaltsplan feststellen" (OVG Münster, 17. 11. 1983, NVwZ 1985, 118/119).

[18] So Lehre und Praxis in allen Bundesländern (vgl. BGH, NJW 1980, 115). Anders nur die Rechtsprechung des Bayerischen Obersten Landesgerichts. Dazu mit Recht kritisch *Fritz,* Vertrauensschutz, 63 – 65 mwN.

[19] VGH Baden-Württemberg, 1. 2. 1983, DÖV 1983, 383.

wendbarer Zuwendungen von dem Gebot der wirtschaftlichen und sparsamen Verwaltung der staatlichen Haushaltsmittel leiten lassen. Dazu verpflichtet ihn § 7 I LHO, den
der Beklagte auch und gerade bei seinen haushaltswirtschaftlich relevanten Ermessensentscheidungen über die Vergabe und Rückforderung von Zuwendungen sorgfältig zu
beachten hat. Diese Vorschrift engt den Ermessensspielraum, den § 12 I StHG 1981/
1982 dem Beklagten offenhält, erheblich ein. Sie verbietet den großzügigen Verzicht
auf den Widerruf von Zuwendungsbescheiden, deren Widerrufbarkeit – wie hier –
zweifelsfrei feststeht. Hätte der Beklagte dem naheliegenden Interesse des Klägers an
der Aufrechterhaltung des Bewilligungsbescheides den Vorrang vor dem weit gewichti-
geren öffentlichen Interesse an der Rückerstattung des Zuschusses eingeräumt, so hätte
er daher den Zweck des § 12 StHG 1981/1982 verfehlt und damit sein Ermessen dem
§ 40 LVwVfG zuwider pflichtwidrig ausgeübt. Dies ist auch dem juristischen Laien,
dem § 7 LHO nicht vertraut ist, ohne weiteres einsichtig. Aus diesem Grunde erübrigte
es sich, darauf in der Begründung der Verfügungen, mit denen Zuwendungsbescheide
widerrufen werden, ausdrücklich einzugehen. Daß dies nicht erforderlich ist, ergibt sich
aus § 39 II LVwVfG."[20]

Die Entscheidung enthält mehrere wichtige Aussagen:

1. Hat die Verwaltung Ermessensspielraum, so ist das Wirtschaftlichkeitsprinzip als bindendes Rechtsprinzip zu beachten.

2. Die Bindung der Verwaltung an das Wirtschaftlichkeitsprinzip gilt auch bei
   Entscheidungen im Außenverhältnis, d. h. bei Entscheidungen gegenüber
   dem Bürger.

3. Der VGH räumt dem öffentlichen Interesse an der Rückzahlung der Mittel
   den Vorrang ein vor dem Interesse des Adressaten an der Aufrechterhaltung des Bewilligungsbescheides. § 7 I LHO verbiete „den großzügigen
   Verzicht auf den Widerruf von Zuwendungsbescheiden, deren Widerrufbarkeit – wie hier – zweifelsfrei feststeht. "

Die unter 1 und 2 genannten Aussagen des VGH sind vorbehaltlos zu unter-
streichen. Dagegen bedarf die unter 3 genannte Aussage einer Erläuterung.
Das Wirtschaftlichkeitsprinzip ist nur ein formales Prinzip, das besagt, daß
keine Mittel verschwendet werden dürfen. Die Frage war im vorliegenden
Fall, ob die Belassung der Mittel beim Empfänger einem anzuerkennenden
Zweck diente und ob sie – im Hinblick auf das öffentliche Interesse an der
anderweitigen sinnvollen Verwendung der Mittel – verhältnismäßig war. Hier
fehlte es nach Auffassung des VGH jedenfalls an der Verhältnismäßigkeit:
Die Belassung der Mittel würde zwar dem Interesse des Empfängers entsprechen, stände aber außer Verhältnis zu der dadurch verursachten Einbuße für
die Erfüllung öffentlicher Interessen. Mit *dieser* Begründung erscheint die
Entscheidung des VGH haltbar. Dagegen kann man aus dem Wirtschaftlichkeitsprinzip schwerlich eine Wertentscheidung ableiten und schon gar nicht
einen Vorrang öffentlicher Interessen vor privaten Interessen, wie dies in dem

---

[20] DÖV 1983, 383 (384).

Urteil anklingt. Diese Wertung läßt sich aus dem Wirtschaftlichkeitsprinzip als rein formalem Prinzip nicht folgern. Vielmehr hatte der VGH sie eigenständig vorzunehmen (wobei das Ergebnis, zu dem er gekommen ist, aber zu billigen ist).

XIX. Wirtschaftlichkeit als objektives Recht

Es gehört zu den Strukturmerkmalen des Wirtschaftlichkeitsgebots, daß es ein objektives Rechtsgebot ist, einzelne Bürger also keinen subjektiven Anspruch auf seine Einhaltung haben.

1. Keine gerichtliche Kontrolle auf Klage eines Bürgers

Der Charakter des Wirtschaftlichkeitsgebotes als nur objektives Rechtsgebot bewirkt, daß ein Verwaltungsakt nicht wegen Verstoßes gegen das Wirtschaftlichkeitsgebot auf Klage eines Bürgers gerichtlich aufgehoben werden kann[1]. Denn für die Klage (§ 42 II VwGO) wie auch für die gerichtliche Aufhebung reicht es nicht aus, daß der Verwaltungsakt objektiv rechtswidrig ist, er muß vielmehr den Kläger auch in *seinen subjektiven Rechten* verletzen (§ 113 I, IV VwGO; vgl. auch Art. 19 IV GG)[2]. Das ist beim Wirtschaftlichkeitsgebot als bloß objektivem Rechtsgebot nicht der Fall.

2. Gerichtliche Kontrolle bei Klage eines Selbstverwaltungsträgers gegen die Rechtsaufsichtsbehörde

Zu einer gerichtlichen Überprüfung kann es aber kommen, wenn die Rechtsaufsicht Akte von Selbstverwaltungsträgern wegen Unwirtschaftlichkeit beanstandet. Die Aufsichtsbehörden können einen Akt durchaus als rechtswidrig beanstanden, wenn er gegen objektives Recht verstößt. Es kommt nicht darauf an, ob ein subjektiver Anspruch auf Einhaltung des objektiven Rechts besteht. So pflegen etwa die kommunalen Rechtsaufsichtsbehörden Maßnahmen der Gemeinden und Gemeindeverbände wegen Unwirtschaftlichkeit zu beanstanden[3]. Dann kann es auch zu *gerichtlichen Entscheidungen* darüber kommen, ob das Wirtschaftlichkeitsgebot verletzt ist[4]. Dies allerdings nicht deshalb, weil etwa jemand einen Anspruch auf Ein-

---

[1] Dies gilt ganz unabhängig von der Frage, ob das Wirtschaftlichkeitsprinzip als Norm des staatlichen Innenrechts überhautp eine Wirkung im Außenrechtsverhältnis zum Bürger entfalten kann. Dazu XVI.

[2] Das gilt auch bei Ermessensentscheidungen. Vgl. z. B. *Kopp*, VwGO, § 42, Rn. 55, § 114, Rn. 1.

[3] Vgl. z. B. die oben XI 1 angegebenen gerichtlichen Entscheidungen.

[4] In ihrer Pauschalität unzutreffend ist deshalb die Auffassung, haushaltsrechtliche Vorschriften seien mangels Außenwirkung keine Rechtssätze, deren Einhaltung vom Richter überprüft werden könne. So aber z. B. *Haverkate*, Rechtsfragen des Leistungsstaats, 171.

haltung des Wirtschaftlichkeitsprinzips hätte – das ist eben nicht der Fall –, sondern weil die Kommune umgekehrt aus der Garantie der kommunalen Selbstverwaltung den Anspruch hat, nicht durch andere Maßnahmen als solche, die rechtswidrige Akte beanstanden, von der Rechtsaufsicht beeinträchtigt zu werden.

Der Umstand, daß die Rechtsaufsichtsbehörden unwirtschaftliche Maßnahmen beanstanden und die Gerichte (auf Antrag der Kommunen) solche Maßnahmen am Maßstab der Wirtschaftlichkeit überprüfen, unterstreicht, daß das Gebot der Wirtschaftlichkeit ein (wenngleich objektives) *Rechts*gebot ist.

XX. Wirtschaftlichkeitsprinzip und Kontrolldichte

Die Verfassungsgerichte haben sich bei der Normenkontrolle grundsätzlich zurückzuhalten (judicial restraint)[1]. Gleiches gilt für die Rechtsaufsichtsbehörden bei der Wirtschaftlichkeitskontrolle der Kommunen: Der Gemeinde und dem Kreis steht ein Beurteilungsspielraum zu[2]. Die Aufsichtsbehörde ist nicht berechtigt, „Beschlüsse, die im Rahmen vernünftiger und daher zulässiger wirtschaftlicher Erwägungen liegen, zu beanstanden"[3]. Es bedarf eines deutlichen Verstoßes[4].

In der Literatur ist umstritten, ob die Rechnungshöfe sich bei der Wirtschaftlichkeitskontrolle in ähnlicher Weise zurückhalten müssen. Die bisher herrschende Auffassung hat diese Frage bejaht und einen entsprechenden „Rechnungshofrestraint" angenommen: Der Rechnungshof müsse von einer Beanstandung absehen, wenn das kontrollierte Finanzgebaren noch *vertretbar* sei[5].

Eine neuere Auffassung hebt dagegen hervor, eine solche Zurückhaltung sei bei der Finanzkontrolle rechtlich nicht geboten, weil die Rechnungshöfe keine Entscheidungsbefugnisse haben, sondern nur gutachtlich Stellung nehmen. Da die Rechnungshöfe – anders als die Gerichte – die kontrollierte Entscheidung nicht durch eine eigene ersetzten, lägen hier die Gründe, die für eine Zurückhaltung der gerichtlichen Kontrolle sprechen, nicht vor. Dieser Standpunkt, auf dem wohl auch die Rechnungshöfe stehen, wird vertreten insbesondere von *Grupp*[6], *Kisker*[7], *Schuppert*[8] und *Krebs*[9]. Er scheint einiges für sich zu

---

[1] Das Bundesverfassungsgericht unterscheidet – jedenfalls bei der Kontrolle von Prognosen des Gesetzgebers – zwischen Evidenzkontrolle, Vertretbarkeitskontrolle und einer intensivierten inhaltlichen Kontrolle (BVerfGE 50, 290/332 f.). Zum Zurückhaltungsgebot der Verfassungsrechtsprechung auch *v. Arnim,* Gemeinwohl und Gruppeninteressen, 265 ff.; *ders.,* Staatslehre, 240 f., 381 ff. mwN.

[2] *Wolff / Bachof,* Verwaltungsrecht I, § 31 Ic 4 (S. 191 f.); *Kunze / Bronner / Katz / von Rotberg,* Gemeindeordnung für Baden-Württemberg, Kommentar, 4. Aufl., § 77, Rn. 47 („Bandbreite"); vgl. auch die oben unter III 7 a, aa wiedergegebene Entscheidung des VGH Baden-Württemberg v. 29. 11. 1982, VBlBW 1983, 313; ferner die unter III 7 b wiedergegebene Entscheidung des BSG v. 29. 2. 1984 (BSGE 56, 197 (199)).

[3] OVG Rheinland-Pfalz, AS 13, 412 (414).

[4] *Wolff / Bachof,* Verwaltungsrecht III, § 164 IIa 4 (S. 438).

[5] *K. Vogel,* Verfassungsrechtliche Grenzen der öffentlichen Finanzkontrolle, DVBl. 1970, 193 (196); *Vogel / Kirchhof,* BK, Art. 114 GG, Rn. 105; *Tiemann,* Die staatsrechtliche Stellung der Finanzkontrolle des Bundes, 136; *v. Arnim,* Gemeinwohl und Gruppeninteressen, 369; *ders.,* Staatslehre, 402 f.; *Stern,* Staatsrecht II, 439; *Sigg,* Die Stellung der Rechnungshöfe im politischen System der Bundesrepublik Deutschland, 54 f.; wohl auch *Fischer-Menshausen,* in: von Münch (Hg.), Art. 114 GG, Rn. 17.

[6] *Grupp,* DÖV 1983, 661 (663 f.).

haben. Danach muß also streng unterschieden werden, ob die Wirtschaftlichkeitskontrolle durch Rechnungshöfe oder durch Gerichte bzw. Rechtsaufsichtsbehörden erfolgt. Wenn die Rechtsprechung oder die Rechtsaufsicht eine Kontrolle auf Wirtschaftlichkeit vornimmt, muß sie sich der Zurückhaltung befleißigen (judicial restraint). Für die Wirtschaftlichkeitskontrolle durch Rechnungshöfe gilt dies – rechtlich – gerade nicht.

Eine andere Frage ist es, ob und inwieweit der Rechnungshof über eine Vertretbarkeitskontrolle hinausgehen *sollte,* inwieweit ihm also ein Rechnungshof-Aktivismus zu empfehlen ist[10].

Möglicherweise muß unterschieden werden zwischen der Beanstandung bereits erfolgter Handlungen und der Stellungnahme zu noch offenen Problemen. Bei Beanstandungen dürfte eher Zurückhaltung angebracht sein als etwa bei Empfehlungen oder Anregungen, die der Rechnungshof im Zuge von Beratungen (§ 88 II BHO/LHO), möglicherweise auch im Jahresbericht (§ 97 II Nr. 2 BHO/LHO), unterbreitet.

Eine über die Vertretbarkeitskontrolle hinausgehende intensivere Beanstandungspraxis kann u. a. dann problematisch werden, wenn Beanstandungen in Berichten stehen, die veröffentlicht werden. Denn derartige Beanstandungen durch die Rechnungshöfe werden in der Öffentlichkeit als Kritik verstanden. Umgekehrt ist die Herstellung der allgemeinen Zugänglichkeit der kommunalen Finanzkontrollberichte für die Öffentlichkeit um so unproblematischer, je mehr sich die Kontrollinstitutionen zurückhalten[11]. Daraus läßt sich vielleicht die Konsequenz ableiten, daß der Rechnungshof in seine für die Öffentlichkeit bestimmten Berichte nur oder vornehmlich solche Fälle aufnimmt, in denen der Wirtschaftlichkeitsverstoß eindeutig ist.

Im *kommunalen* Bereich mehren sich allerdings die Zweifel an dieser Beurteilung. Hier spricht einiges dafür, daß auch rechtlich lediglich eine Vertretbarkeitskontrolle zulässig ist. Jedenfalls ist hier das Zurückhaltungspostulat mit besonderem Nachdruck zu erheben. Die kommunalen Prüfungsstellen, auch die überörtlichen, haben zwar ebenfalls keine Entscheidungsbefugnisse, wohl aber die Rechtsaufsichtsbehörden. Deshalb könnte sich die mißliche Situation ergeben, daß die Kommunen von den staatlichen Aufsichtsbehörden, die die Eingriffsbefugnis besitzen, und den überörtlichen Prüfungsstellen, welche mit ihren Wirtschaftlichkeitsberichten die Grundlage für solche

---

[7] *Kisker,* Sicherung von „Wirtschaftlichkeit und Sparsamkeit" durch den Rechnungshof, NJW 1983, 2167 (2168 f.); *ders.,* VVDStRL 42, 296 (Diskussionsbeitrag).

[8] *Schuppert,* Die Steuerung des Verwaltungshandelns durch Haushaltsrecht und Haushaltskontrolle, VVDStRL 42, 216 (261).

[9] *Krebs,* Kontrolle, 200 f.

[10] Zweifel insoweit bei *Kisker,* NJW 1983, 2169; *Schuppert,* VVDStRL 42, 261 m. Fn. 171.

[11] Diese Zusammenhänge sieht auch *Krebs,* Kontrolle, 214 f., der daraus aber eben als Konsequenz kein Gebot der Zurückhaltung bei der Kontrolle durch den Rechnungshof entnimmt (X Fn. 9), sondern eine Zurückhaltungspflicht des Rechnungshofs bei der Veröffentlichung seiner Kontrollergebnisse.

Eingriffe liefern können, sozusagen in die Zange genommen werden und der Spielraum der Kommunen auf diese Weise eingeengt wird[12]. Zwar ist theoretisch eine Zweispurigkeit denkbar: Beanstandung durch die Rechtsaufsicht nur bei eindeutigen Verstößen, Vorschläge der überörtlichen Prüfung zur Verbesserung der Wirtschaftlichkeit aber auch schon dann, wenn deren Überlegenheit über den bisherigen Zustand noch nicht eindeutig festgestellt ist[13]. Es fragt sich allerdings, inwieweit eine derartige Zweispurigkeit in der Praxis wirklich durchführbar ist.

Die Gefahr, daß der Spielraum der Kommune allzusehr eingeengt wird, könnte sich dann in besonderem Maße ergeben, wenn die überörtlichen Prüfungsstellen nicht nur im nachhinein auf Wirtschaftlichkeit kontrollieren, sondern auch die Befugnis haben, bereits im vorhinein Wirtschaftlichkeitsberatung vorzunehmen. Soweit die Beratung sich allerdings darauf beschränkt, Informationen zu vermitteln und Optionen aufzuzeigen, treten die Bedenken zurück.

---

[12] *v. Arnim*, Zur Neuordnung der kommunalen Finanzkontrolle in Baden-Württemberg, Schriften des Bundes der Steuerzahler Baden-Württemberg Nr. 43, 1983, 21 f.

[13] *v. Arnim*, Die Einführung der überörtlichen Kommunalprüfung in Hessen ist überfällig, 1985, 11.

XXI. Rechnungshofkontrolle und Politik

Die These ist weit verbreitet, der Rechnungshof dürfe politische Entscheidungen nicht zum Gegenstand seiner Kontrolle machen. Er dürfe politische Entscheidungen nicht auf ihre Wirtschaftlichkeit überprüfen[1]. Hier ist zu unterscheiden[2]. Die Begriffe „politische Entscheidung" und „politische Kontrolle" sind mehrdeutig. Mit politischer Entscheidung kann eine solche gemeint sein, die von „politischen" Organen getroffen wurde oder eine solche, die aufgrund politischer Maßstäbe gefällt wurde (politische Entscheidung im eigentlichen Sinn).

1. Wirtschaftlichkeitskontrolle „politischer" Organe

Da die Wirtschaftlichkeitskontrolle der Exekutive, also der Verwaltung und der Regierung, zu den klassischen Aufgabenbereichen des Rechnungshofes gehört, geht es vornehmlich um die Frage, ob die Kontrollkompetenz des Rechnungshofs sich auch auf die Entscheidungen des „politischen" Organs *Parlament,* insbesondere also auf Gesetze, bezieht. Die Frage wird derzeit intensiv diskutiert[3]. Wie die bisherigen Darlegungen gezeigt haben, ist die Frage – vorbehaltlich der Erörterung sogleich unter 3 – zu bejahen. Dafür ist es nicht einmal erforderlich, daß man eine Bindung auch des Parlaments an das Verfassungsprinzip Wirtschaftlichkeit bejaht (oben XIV, 3 – 7). Ausreichend ist bereits die Feststellung, daß nicht nur die den Haushalt vollziehende Exekutive, sondern nach dem klaren Wortlaut der Gesetze auch der Haushalts*geber* rechtlich gebunden ist (oben XIII). Die Prüfung durch den Rechnungshof erstreckt sich nach § 90 BHO/LHO aber auf die Einhaltung aller „für die Haushalts- und Wirtschaftsführung geltenden Vorschriften und Grundsätze." Darüber hinaus ist dem Rechnungshof – auch unabhängig von der rechtlichen Bindung des Parlaments selbst – die Kompetenz der Wirtschaftlichkeits*kontrolle* auch des Parlaments gegeben (oben XIV 8). Diese

---

[1] So z. B. *Maunz,* in: Maunz / Dürig / Herzog, Art. 114 GG, Rn. 30, 48, 51. Nachweise zum Streitstand bei *v. Arnim,* Staatslehre, 402; *Krebs,* Kontrolle, 201 f. – Auch *Maunz* hält jedoch – im Anschluß an die diesbezügliche Auffassung des Bundesrechnungshofs selbst – den Rechnungshof für befugt, das Vorliegen der sachlichen Voraussetzungen, von denen der politische Entscheidungsträger ausgegangen ist, und der Auswirkungen, die er erwartet hat, zu überprüfen.

[2] Zu dieser Unterscheidung *Krebs,* 202 f.

[3] Aus dem neuesten Schrifttum vgl. vor allem *Sauer / Blasius,* DVBl. 1985, 548 mwN.

Feststellung wird positiv-rechtlich bestätigt durch eine Reihe von Kompetenzen, die die Rechnungshöfe zweifellos besitzen, z. B.

- das Recht, das Parlament (auch von sich aus) zu beraten (§ 88 II BHO/
  LHO),

- das Recht, zu den Voranschlägen für den Entwurf der Haushaltspläne Stellung zu nehmen (§ 27 II BHO/LHO) und

- das Recht, in die jährlichen Bemerkungen Empfehlungen auch für die
  Zukunft aufzunehmen (§ 97 II Ziff. 4 BHO/LHO).

Nach welchen Maßstäben sollen derartige Beratungen und Empfehlungen
erfolgen, wenn nicht (neben der Rechtmäßigkeit) nach der Wirtschaftlichkeit?

2. Wirtschaftlichkeitskontrolle politischer Entscheidungen

Auch Entscheidungen, die aufgrund politischer Maßstäbe getroffen sind,
können nicht von der Wirtschaftlichkeitskontrolle der Rechnungshöfe ausge-
nommen bleiben[4]. Ginge man – im Gegensatz zu dem unter 1 Gesagten –
allerdings davon aus, Ziele, die das Parlament (vor allem in Gesetzen, auch
Haushaltsgesetzen, und in Haushaltsplänen) gesetzt hat, unterlägen nicht der
Prüfung durch den Rechnungshof, dann könnte man eine gewisse Grenze ziehen zwischen der politischen Zielsetzung und der Wahl der Mittel zur bestmöglichen Realisierung der Ziele. Die Zielsetzung wäre nicht überprüfbar,
wohl aber die Auswahl der Mittel zur optimalen Zielrealisierung. In diesem
Sinne ist wohl auch die Formel des Bundesrechnungshofs zu verstehen, er
habe politische Entscheidungen zwar zu respektieren, sei andererseits jedoch
befugt, die *tatsächlichen Prämissen* solcher Entscheidungen zu überprüfen und
unvorhergesehene negative *Konsequenzen* politischer Entscheidungen aufzuzeigen[5].

Darüber hinaus wird aber auch anerkannt, daß der Rechnungshof überprüfen kann, ob Kosten und Nutzen bzw. Ertrag und Aufwand in einem *angemessenen Verhältnis* zueinander stehen[6]. Damit unterliegt die Zielsetzung aber
selbst der Kritik. Stellt sich nämlich heraus, daß das Ziel den Einsatz der Mittel nicht lohnt, wird der Rechnungshof empfehlen, auf die Verfolgung des
Ziels zu verzichten.

Eine ähnliche Differenzierung zwischen Zielsetzung und Wahl der Mittel zu
ihrer Realisierung wäre denkbar, wenn die Ziele nicht vom Gesetzgeber, son-

---

[4] So auch *Krebs*, Kontrolle, 203.

[5] Einleitung zu den Bemerkungen des Bundesrechnungshofs für das Haushaltsjahr
1978, BT-Drs. 9/38, S. 4; seitdem ständig gebrauchte Formel.

[6] So *Wittrock*, Diskussionsbeitrag, in: Finanzkontrolle: Zu spät, zu dürftig, zu politisch?, ZParl 1982, 223.

dern von der Regierung, z. B. im Rahmen eines Straßenbauprogramms, gesetzt werden.

3. Überkommene prinzipielle Einwände

Die Einwände gegen die Wirtschaftlichkeitskontrolle auch des Parlaments durch den Rechnungshof hängen letztlich mit überkommenen Grundvorstellungen über die Rollenverteilung zwischen Parlament und Rechnungshof zusammen. Ursprünglich war der Rechnungshof auf die Kontrolle der Verwaltung (Verwaltungskontrolle) und der Regierung (sog. Verfassungskontrolle) beschränkt. Für eine Überprüfung auch des Parlaments selbst bestand nach der dualistischen Staatstheorie keine Notwendigkeit und im konstitutionellen Staatsrecht kein Raum. Die verfassungstheoretischen und positiv-verfassungsrechtlichen Grundlagen dieser Auffassung sind heute entfallen. Man hat deshalb versucht, sie durch Heranziehung von *grundgesetzlichen* Prinzipien dennoch zu stützen und sie auf diese Weise gegen eine Verwerfung zu immunisieren. Hier werden besonders das Demokratie- und das Gewaltenteilungsprinzip bemüht.

XXII. Rechnungshofkontrolle und Verfassungsprinzipien

1. Demokratieprinzip

Die These, politische Entscheidungen unterlägen der Rechnungshofkontrolle nicht, wird immer wieder mit der Behauptung begründet, der Rechnungshof habe – im Gegensatz zu dem direkt vom Volk gewählten Parlament und der von diesem gewählten Regierung – keine demokratische Legitimation[1].

Bei dieser Argumentation wird mehreres übersehen: Grundgesetz und Landesverfassungen enthalten zwar das Fundamentalprinzip, daß alle Staatsgewalt der demokratischen Legitimation bedarf[2]. Es ist aber wegen der fehlenden Verbindlichkeit der Entscheidungen des Rechnungshofs schon fraglich, ob dieses Prinzip auch für den Rechnungshof gilt, ob dieser also wirklich „Staatsgewalt" in dem hier gemeinten Sinn ausübt.

Aber selbst wenn man diese Frage bejahen sollte, ist zu betonen, daß der Rechnungshof durchaus demokratische Legitimation besitzt. Es gibt in der Bundesrepublik zwei Grundlagen der demokratischen Legitimation der Staatsgewalt[3]:

Die eine Art beruht darauf, daß die Verfassung Staatsgewalt begründet, sie auf bestimmte Institutionen überträgt und diesen regelmäßig bestimmte Funktionen zuweist. Da die Verfassung ihrerseits auf der verfassungsgebenden Gewalt des Volkes (pouvoir constituant) beruht, erhalten auf diese Weise auch die Einrichtungen, die die Verfassung schafft und denen sie Funktionen zuweist, verfassungsunmittelbare *institutionelle* und *funktionelle* demokratische Legitimation. Es ist das Verdienst des Bundesverfassungsgerichts, diese bisweilen in Vergessenheit geratene demokratische Legitimationsquelle wieder in Erinnerung gerufen zu haben[4].

Die zweite Art der Legitimation beruht auf den periodisch wiederkehrenden Wahlen, mittels derer das Volk direkt oder indirekt diejenigen Personen bestimmt, die die verfassungsrechtlich vorgesehenen Einrichtungen besetzen

---

[1] Nachweise bei *Sauer / Blasius*, DVBl. 1985, 548 (552 Fn. 37).

[2] Dazu BVerfGE 44, 125 (138 f.); 47, 253 (271 f.).

[3] *Ossenbühl*, Verwaltungsvorschriften und Grundgesetz, 1968, 196 ff. mwN. *Böckenförde*, Demokratie als Verfassungsprinzip, in: Isensee / Kirchhof (Hg.), Handbuch des Staatsrechts, Bd. 1, 1987, § 22, Rn. 11 ff.

[4] BVerfGE 49, 89 (125); 68, 1 (88).

und die verfassungsrechtlich vorgesehenen Funktionen ausüben. Die periodischen Wahlen vermitteln also die *personelle* demokratische Legitimation.

Man muß also zwei Stränge der demokratischen Legitimation der Staatsgewalt unterscheiden: die Legitimation durch das Volk als Verfassungsgeber und die Legitimation im Wege der periodisch wiederkehrenden Volkswahlen.

Diese Unterscheidung ist auch für die Rechnungshöfe relevant, wurde in der Diskussion um die Stellung der Rechnungshöfe bisher allerdings nicht aufgegriffen.

Auch der Bundesrechnungshof, von dem wir hier primär ausgehen, besitzt eine – wenngleich mittelbare – *personelle* demokratische Legitimation, da sein Präsident und sein Vizepräsident auf Vorschlag der Bundesregierung vom Bundestag gewählt und vom Bundespräsidenten ernannt und die anderen Mitglieder auf Vorschlag des Rechnungshofpräsidenten vom Bundespräsidenten ernannt werden (§ 5 BRHG)[5].

Vor allem aber besitzt der Rechnungshof *institutionelle und funktionelle* demokratische Legitimation, weil der Verfassungsgeber ihn durch Art. 114 II GG als Institution geschaffen, die richterliche Unabhängigkeit seiner Mitglieder und damit auch des Rechnungshofs insgesamt garantiert und ihm die Funktion übertragen hat, „die Rechnung sowie die Wirtschaftlichkeit und Ordnungsmäßigkeit der Haushalts- und Wirtschaftsführung" zu prüfen, wobei „das Nähere über Stellung und Aufgaben des Rechnungshofs . . . durch Gesetz geregelt" wird[6].

Das Bundesverfassungsgericht hat wiederholt hervorgehoben, aus der unmittelbaren personellen demokratischen Legitimation des Parlaments dürfe kein grundsätzlicher Vorrang des Parlaments im Sinne eines „alle konkreten Kompetenzzuweisungen überspielenden Auslegungsgrundsatzes" hergeleitet werden, und betont, neben der personellen sei auch die institutionelle und funktionelle demokratische Legitimation zu berücksichtigen[7]. Diese Feststellungen gelten auch im Verhältnis des Rechnungshofs zu Parlament und Regierung.

Im übrigen gibt es unabhängige Institutionen wie die *Deutsche Bundesbank*[8], die, obwohl ihre demokratische Legitimation insofern geringer ist als die der Rechnungshöfe, als ihre Unabhängigkeit (§ 12 Satz 2 BBkG) nicht ver-

---

[5] Die Verfahren der Bestellung der Mitglieder der Landesrechnungshöfe divergieren im einzelnen. Durchgehend geht die Bestellung aber auf einen Willensakt des Parlaments und/oder der Regierung zurück, was auch hier die – wenngleich mittelbare – personelle demokratische Legitimation begründet.

[6] Die Bestimmungen in den Landesverfassungen weisen z. T. erhebliche Unterschiede auf.

[7] BVerfGE 49, 89 (125 f.).

[8] Dazu v. *Arnim*, Staatslehre, 340 ff. nwN.

fassungsrechtlich vorgeschrieben ist (vgl. Art. 88 GG), sogar politikgestaltend tätig und gleichwohl verfassungsrechtlich zulässig sind[9]. Auch dies macht deutlich, daß die Argumentation mit der angeblich fehlenden demokratischen Legitimation der Rechnungshöfe eine Aussparung der Politik von ihrer Kontrolle nicht begründen kann[10].

Die Vereinbarkeit der Wirtschaftlichkeitskontrolle auch politischer Entscheidungen des Parlaments und der Regierung durch die Rechnungshöfe zeigt auch ein Vergleich mit dem *Sachverständigenrat für die Beurteilung der gesamtwirtschaftlichen Entwicklung.* Bei ihm stellt sich ein ganz ähnliches Problem: Er hat – für den Bereich der Wirtschaftspolitik – politische Entscheidungen von Regierung und Parlament für die Vergangenheit zu kritisieren und für die Zukunft Möglichkeiten des wirtschaftspolitischen Handelns aufzuzeigen. Das Sachverständigengesetz von 1963 weist dem Rat für die Wirtschaftspolitik der Vergangenheit die Rolle eines „unerbittlichen Rechnungshofs", für die Zukunft die eines „unentwegten Besserwissers" zu[11]. Der Sachverständigenrat hat also für den Bereich der *Wirtschaftspolitik* die gleiche Aufgabe, die dem Rechnungshof (wenn man ihm die Kontrolle von politischen Entscheidungen zuerkennt) für Fragen der *Wirtschaftlichkeit* zukommt. Sollten derartige Kompetenzen der Rechnungshöfe verfassungswidrig sein, so müßten auch die vergleichbaren Kompetenzen des Sachverständigenrats verfassungwidrig sein, was aber ebensowenig der Fall ist[12].

2. Gewaltenteilung

Gegen eine Rechnungshof-Kontrolle auch von politischen Entscheidungen wird immer wieder der Gewaltenteilungsgrundsatz bemüht[13]. Im folgenden soll der Frage nachgegangen werden, ob der Grundsatz der Gewaltenteilung einer solchen Kontrolle wirklich im Wege steht oder ob nicht umgekehrt ein zeitgemäß fortentwickeltes Verständnis der Gewaltenteilung sie geradezu verlangt.

Das Prinzip der Gewaltenteilung und der Gewaltenkoordinierung gehört seit den klassischen Darstellungen durch *Locke*[14] und *Montesquieu*[15] zu den

---

[9] BVerwGE 41, 334 (354 ff.).

[10] Vgl. auch *Neumark,* Probleme und Aspekte der Haushaltsprüfung, bisher unveröffentlichtes Manuskript eines Vortrags vom 27. 11. 1986 in Berlin: „Die vielfach diskutierte Frage, wo denn die Grenzen der Tätigkeit von Rechnungshöfen liegen, würde ich etwas zugespitzt, also übertrieben, dahin beantworten, daß es solche Grenzen weder in politischer noch in ökonomischer noch in staatsrechtlicher Hinsicht geben dürfte." (S. 3). „Eine rational denkende Regierung (muß) froh sein . . ., wohlbegründeten Rat von einer unabhängigen Institution zu erhalten, die es ihr erleichtern könnte, sich fiskalisch, ökonomisch und gerechtigkeitspolitisch bedenklichen Forderungen einer Unzahl wirtschaftlicher und sozialer Gruppen zu widersetzen." (S. 4).

[11] *Olaf Sievert,* Die wirtschaftspolitische Beratung in der Bundesrepublik Deutschland, in: Hans K. Schneider (Hg.), Grundsatzprobleme wirtschaftspolitischer Beratung, Schriften des Vereins für Socialpolitik NF, Bd. 49, 1968, 27 (31 f.).

[12] Dazu ausführlich *v. Arnim,* Gemeinwohl und Gruppeninteressen, 334 ff. mwN.

[13] *Sauer / Blasius,* DVBl. 1985, 553 ff. mwN.

[14] Dazu *v. Arnim,* Staatslehre, 34.

Kernbestandteilen westlichen Verfassungsdenkens und hat auch im Grundgesetz seinen Niederschlag gefunden. Nach Art. 20 II 2 GG wird die staatliche Gewalt „durch besondere Organe der Gesetzgebung, der vollziehenden Gewalt und der Rechtsprechung" ausgeübt.

Will man sich darüber Rechenschaft geben, wie das Gewaltenteilungsprinzip heute unter der Geltung des Grundgesetzes zu verstehen ist, so muß man sich vergegenwärtigen, daß es – ebenso wie andere organisatorische Verfassungsprinzipien – nicht Selbstzweck ist, sondern bewirken soll, daß durch Aufteilung der Macht auf Träger unterschiedlicher Interessenrichtung die Machtträger sich gegenseitig zu größerer Richtigkeit steigern[16]. Das Zusammenspiel der Machtträger soll eine möglichst große Richtigkeitschance für Gemeinschaftsentscheidungen sichern[17]. Darin liegt der bleibende Sinn, dem das Gewaltenteilungsprinzip über alle Wandlungen der politischen Kräfte und der staatlichen Einrichtungen hinweg zu dienen bestimmt ist[18]. *Wie* die Machtverteilung erfolgen soll, ist damit noch nicht abschließend gesagt. Gewaltenteilung ist ein durchaus unterschiedlicher Ausprägung zugängliches Prinzip. Es ist jeder Zeit aufgegeben, die ihrer Situation und ihren Problemen angemessene Verteilungsform zu finden[19]. Notwendige Voraussetzung bleibt aber immer, daß überhaupt eine Aufteilung der Macht besteht, die bewirkt, daß Begrenzungen durch Gegengewichte gesetzt werden. *Montesquieu* war von den realpolitischen Machtträgern seiner Zeit ausgegangen und hatte die Exekutivgewalt dem Monarchen zugeordnet, die Legislative dagegen dem Volk und dem Adel gemeinsam, die sie durch volksgewähltes Parlament und Adelskammer ausüben sollten, und die politischen Akteure durch ein kunstvolles Netz von „checks and balances" miteinander verbunden. Dieses Modell hatte im vorigen Jahrhundert auch der konstitutionell-dualistischen Verfassungslage in Deutschland einigermaßen entsprochen.

In diesem überkommenen – auf den Gegensatz von monarchischer Regierung und volksgewähltem Parlament bezogenen – Bild haben nun aber wichtige politische Machtträger *unserer* Tage noch keinen Platz, vor allem die *Parteien* und die *Interessenverbände*. Mit ihnen sind neue politische Akteure herangewachsen, die auf der geschichtlichen Bühne alsbald Hauptrollen übernommen haben[20]. Die neuere Entwicklung ist dadurch gekennzeichnet, daß

---

[15] Dazu *v. Arnim*, Staatslehre, 45 ff.

[16] *Krüger*, Allgemeine Staatslehre, 269; *Herzog*, Allgemeine Staatslehre, 1971, 350 ff.

[17] Daß die Gewaltenteilung darauf abzielt, „daß staatliche Entscheidungen möglichst richtig" getroffen werden, hat auch das Bundesverfassungsgericht hervorgehoben (E 68, 1/86).

[18] *Herzog*, Staatslehre, 235 f.

[19] *Kägi*, Von der klassischen Dreiteilung zur umfassenden Gewaltenteilung, Erstarrte Formeln – bleibende Ideen – neue Formen, FS Hans Huber, 1961, 151.

[20] *v. Arnim*, Staatslehre, 103 ff.

Parteien und Verbände nicht nur neben den überkommenen Staatsorganen und außerhalb ihrer wirken, sondern die Staatsorgane selbst zu durchdringen und ihrem Einfluß zu unterwerfen versuchen[21]. Dies hat Folgen für das Verständnis der Staatsorgane. Regierung und Parlament sind nur noch vor dem Hintergrund des Wirkens der Parteien und Verbände zu verstehen, die sie wie ein mächtiger Überbau in ihr Kraftfeld einspannen. Daraus ergeben sich auch Konsequenzen für die Kontrolle, insbesondere die Finanzkontrolle. Diese Konsequenzen gehen in mehrere Richtungen. Das ergibt sich daraus, daß das Wirken der neuen Akteure die alten Kontrollmechanismen teilweise unterläuft und lähmt und zugleich neuen Kontrollbedarf schafft.

a) Der zentrale Einfluß der politischen Parteien und ihr Kampf um die Macht auf Zeit hat dazu geführt, daß der klassische Gegensatz von Regierung und Parlament immer mehr überlagert wird vom Gegensatz zwischen Regierungs- und Oppositionsparteien. Wenn aber der Gegensatz von Regierung und Parlament, der die konstitutionelle Monarchie beherrscht hat, heute nicht mehr besteht, Regierung und Parlamentsmehrheit vielmehr in der parlamentarischen Demokratie der Bundesrepublik durch die Regierungspartei miteinander verklammert sind, weil diese die Mehrheit im Parlament stellt und zugleich die Regierung bildet, dann ist eine echte Kontrolle der Regierung seitens der Parlamentsmehrheit – jedenfalls vor der Öffentlichkeit – nicht mehr zu erwarten. Da beide politisch am gleichen Strang ziehen, versteht die Parlamentsmehrheit ihre Rolle eher darin, die Regierung vor Angriffen der Opposition, sprich: der Parlamentsminderheit, abzuschirmen und sich mit der Regierung zu solidarisieren. Selbst wenn der Regierung echte Pannen unterlaufen, wird die Regierungspartei – jedenfalls vor der Öffentlichkeit – meist eher dahin tendieren, diese Pannen herunterzuspielen, als für schonungslose Aufklärung und Sanktion zu sorgen. Denn Aufklärung und Sanktion wirken in der Regel nicht nur auf die Regierungsmitglieder, sondern die aufgedeckten Mängel haben auch Rückwirkungen auf das Ansehen der Regierungspartei insgesamt, die damit aber befürchten muß, ihre künftigen Wahlchancen zu mindern.

Die eigentliche Spannungslinie verläuft deshalb heute nicht mehr – wie noch im klassischen konstitutionell-dualistischen Staat – zwischen Regierung und Parlament, sondern zwischen Regierung und Regierungsparteien auf der *einen* Seite und den Oppositionsparteien auf der *anderen* Seite[22]. Damit ist das überkommene Verständnis von der Gewaltenteilung, das sich auf den Gegensatz

---

[21] *v. Arnim*, Staatslehre, 103 ff., 315.

[22] *Stern*, Staatsrecht der Bundesrepublik Deutschland, Bd. 1, 2. Aufl., 1984, § 23. – Die Ausführungen im Text gelten jedenfalls für das Auftreten in der Öffentlichkeit. Hinter den Kulissen kann es in parteiinternen Gremien dagegen eher zu Spannungen zwischen der Regierung und den Abgeordneten der Regierungsfraktion kommen, die im Einzelfall sogar zum offenen Gegensatz führen mögen.

von Regierung und Parlament bezog, aber in der Tat „unwirklich und fassadenhaft" geworden[23]. Diese Konstellation hat nicht nur dazu geführt, daß das Haushaltsbewilligungsverfahren die Bedeutung verloren hat, die es in der konstitutionellen Monarchie besessen hatte[24], sondern mußte auch das Entlastungsverfahren – jedenfalls bei oberflächlicher Betrachtung – zur Farce machen, zu einem Verfahren, in dem die Regierungsfraktionen der Regierung kraft ihrer politischen Mehrheit die Korrektheit ihrer Finanzwirtschaft bescheinigen. Wenn das Machtinteresse der Regierungsfraktionen vornehmlich dahin geht, die Regierung gegen Kritik abzuschirmen, dann wird man bei ihnen keine große Neigung finden, „ihre" Regierung durch schonungslose Auswertung der Berichte des Rechnungshofs in politische Schwierigkeiten zu bringen.

Dagegen ist die parlamentarische *Opposition* durchaus daran interessiert, die Bemerkungen, Rügen, Gutachten und Empfehlungen des Rechnungshofs aufzugreifen. Hier zeigt sich die neue Form der „Gewaltenteilung", nämlich einer Gewaltenteilung zwischen Regierungsparteien und Oppositionsparteien. Sie scheint zwar auf den ersten Blick keine wirkliche Gewaltenteilung zu sein, weil es an der Gleichgewichtigkeit insoweit fehlt, als die Opposition naturgemäß in der Minderheit ist und von den Regierungsparteien niedergestimmt („majorisiert") werden kann. Dies ist aber nur eine vordergründig-statische Sicht. Denn die Kritik der Opposition geschieht, sofern sie öffentlich erfolgt, vor den Augen der Wähler, die daraus sozusagen als Schiedsrichter bei der nächsten Wahl Konsequenzen ziehen können. Die öffentliche Kritik der Regierung durch die Opposition, die sich ihrerseits auf Ermittlungen des Rechnungshofs stützen kann, kann für die Regierung und die sie tragenden Parteien also trotz ihrer Möglichkeit des Niederstimmens im Entlastungsverfahren politisch gewichtige Konsequenzen zeitigen. Um dieses komplizierte, aber durchaus wirkungsvolle Spiel am Funktionieren zu halten, ist es wichtig, die beteiligten Akteure und Medien, die die Kontrolle trotz der gewandelten Situation einigermaßen in Wirkung halten, zu stärken: die Rechnungshöfe und die parlamentarische Opposition als Akteure und die Öffentlichkeit als Medium[25].

b) Diese Kontrollmechanismen wirken nicht nur bei der nachträglichen Kontrolle, sondern auch bei der Haushaltsbewilligung, allerdings nur, soweit sie überhaupt wirken. In dieser Voraussetzung liegt nun allerdings der eigentliche Pferdefuß. Es gibt nämlich bestimmte Belange, an denen alle Parteien (einschließlich der Opposition) kein rechtes Interesse haben. Die Gründe lie-

---

[23] So *Werner Weber*, Die Teilung der Gewalten als Gegenwartsproblem, FS Carl Schmitt, 1959, 253 (260).

[24] *Mußgnug*, Der Haushaltsplan als Gesetz, 263 ff. mwN.

[25] *v. Arnim*, Wirksamere Finanzkontrolle bei Bund, Ländern und Gemeinden, 24.

8*

gen in der mangelnden politischen Kraft allgemeiner Anliegen[26], wozu auch das Interesse aller Staatsbürger an Rationalität der staatlichen Willensbildung gehört. Die mangelnde Kraft allgemeiner Interessen rührt daher, daß das Kräftespiel in der pluralistischen Demokratie weitgehend von einflußreichen Verbänden (in denen sich vornehmlich Partikularinteressen organisieren) und auf kurzfristige Wiederwahl angewiesenen Parteien beherrscht wird. Dazu heißt es im Gutachten der Kommission für wirtschaftlichen und sozialen Wandel aus dem Jahre 1975 treffend:

„In der Bundesrepublik Deutschland bestehen vielfältige Einflußmöglichkeiten organisierter gesellschaftlicher Gruppen. Dies begünstigt im Zusammenhang mit dem ... Mangel an Langzeitorientierung eine Konzentration staatlicher Aktivität auf manifeste Probleme einzelner Gruppen, wodurch tendenziell eine kurzfristige partikulare ... Orientierung begünstigt wird."

Und weiter:

„Die Überzeugungskraft schneller und sichtbarer Erfolge beim Wähler veranlaßt Politiker in vielen Fällen dazu, langfristige ... Maßnahmen immer wieder zurückzustellen ... Je kürzer der Abstand zwischen Wahlterminen ist, die zu wahltaktischem Verhalten verleiten, um so schwieriger wird es, langfristige Maßnahmen überhaupt zu verwirklichen. In diesem Zusammenhang ist zu bedenken, daß die Landtagswahltermine über die vierjährige Legislaturperiode des Bundestags verstreut liegen."[27]

Dieser durchaus zutreffende Befund erklärt, warum die Politiker dazu neigen, langfristig-allgemeinen Interessen nur geringe Aufmerksamkeit zu widmen, und warum die Parlamente, deren Funktion früher in der Zurückweisung zu weit gehender Ausgabenwünsche der Regierung bestand, heute im Blick auf Wähler und Partikularverbände geradezu „zu Trägern der bewilligungs- und subventionsfreudigen Ausgabenneigung" geworden sind[28]. Parteien und Verbände neigen also dazu, zum Teil besonders wichtige Belange nicht ausreichend zu berücksichtigen oder ganz auszublenden[29]. Dazu gehört auch die Rationalität der staatlichen Willensbildung und Entscheidung. Der von der Gesamtheit der Parteien und Verbände ausgehende Druck, sozusagen die Resultante im Parallelogramm der politischen Kräfte, ist alles andere als ausgewogen. Und der Wähler hat keine Möglichkeit, mit dem Stimmzettel eine Korrektur herbeizuführen, weil Regierung und Oppositionsparteien sich in gleicher Weise derart verhalten[30].

---

[26] Dazu v. *Arnim*, Gemeinwohl und Gruppeninteressen. Die Durchsetzungsschwäche allgemeiner Interessen in der pluralistischen Demokratie, 1977; *Zippelius*, Allgemeine Staatslehre, 10. Aufl., 1988, § 26 V 2 (S. 236 - 239).

[27] Wirtschaftlicher und sozialer Wandel in der Bundesrepublik Deutschland, Gutachten der Kommission für wirtschaftlichen und sozialen Wandel, Kapitel I, Rn. 36.

[28] *Scheuner*, Verantwortung und Kontrolle in der demokratischen Verfassungsordnung, in: FS Gebhard Müller, 1970, 379 (399).

[29] v. *Arnim*, Staatslehre, 119 ff., 272 ff., 293 ff., 304 ff.

[30] v. *Arnim*, Staatslehre, 391 f.

Insoweit fehlt es also gerade an dem „Gleichgewicht der Kräfte", von dessen Existenz diejenigen aber ausgehen, die in einer Rechnungshofkontrolle auch der Politik einen Verstoß gegen das Gewaltenteilungsprinzip erblicken[31].

Aus allem wird deutlich, daß die Gefahrenlinien sich heute verschoben haben: Es bedarf wirksamer *Gegengewichte gegen Pluralismusdefizite*. Zur Bildung derartiger Gegengewichte prädestiniert erscheinen bestimmte Kontrollinstanzen, die bewußt in Distanz zu den Parteien und den Verbänden gesetzt sind und ihren Sinn vor allen Dingen von daher erhalten, daß sie auch gegen solche Fehlentwicklungen ausschwenken können, die vom Wirken der Parteien und Verbände drohen. Dies sind neben den Gerichten auch die unabhängige Bundesbank[32], unabhängige Sachverständigenräte[33] und die Rechnungshöfe (oder sollten es doch sein).

Man hat die Rechnungshöfe auch als „Interessenvertreter der Allgemeinheit" bezeichnet[34]. Das Interesse der Allgemeinheit an rechtmäßiger und wirtschaftlicher Mittelveranschlagung und Mittelverwendung kommt im politischen Kräftespiel der Parteien und Verbände tendenziell zu kurz. Es ist Aufgabe und Funktion der Rechnungshöfe, hier ein Gegengewicht zu bilden; dazu sind sie auch bis zu einem gewissen Grad in der Lage, weil sie – aufgrund ihrer verfassungsrechtlich garantierten Unabhängigkeit – jenem Kräftespiel nicht oder doch nur in geringerem Maße ausgesetzt sind als Parlamente und Regierungen[35].

Die erforderliche grundlegende Neuorientierung des Verständnisses von Stellung und Funktion der Rechnungshöfe ist bisher unterblieben. Statt auf die eigentliche Zentralfrage durchzustoßen, „mit welcher Blickrichtung und in wessen Interesse" der Rechnungshof seine Prüfungsaufgaben wahrzunehmen hat[36], hat man immer wieder versucht, die Rechnungshöfe in das herkömmliche System der Gewaltendreiteilung einzuordnen[37]. Die Antwort auf jene zen-

---

[31] *Sauer / Blasius,* DVBl. 1985, 553.

[32] *v. Arnim,* Staatslehre, 340 ff.

[33] *v. Arnim,* Gemeinwohl und Gruppeninteressen, 325 ff.; *ders.,* Staatslehre, 428 ff.

[34] *Vogel / Kirchhof,* BK, Art. 114, Rn. 19.

[35] Vgl. auch BSG, 23. 11. 1981, BSGE 52, 284 (298): Die Prüfung geschieht „deshalb, weil die Allgemeinheit ein Interesse daran hat, zu erfahren, wie mit Mitteln der Allgemeinheit umgegangen wird. Diesem Interesse kann wirksam nur dadurch Rechnung getragen werden, daß auch der Ermessensbereich der Selbstverwaltungsträger überprüft wird, wenn diesem Selbstverwaltungsträger Mittel der Allgemeinheit zur Verfügung gestellt werden." Diese Feststellungen des BSG lassen sich über die Prüfung von Selbstverwaltungsträgern hinaus verallgemeinern.

[36] So *Hirsch,* Parlament und Verwaltung, 1968, 146.

[37] *Friedrich Klein* hat diese Frage vor nicht allzu langer Zeit als „wohl am meisten umstrittene verfassungstheoretische Frage" der Finanzkontrolle bezeichnet. *Klein,* Die institutionelle Verfassungsgarantie der Rechnungsprüfung, in: 250 Jahre Rechnungsprüfung, 1964, 133 (136).

trale Frage muß lauten: Die Rechnungshöfe nehmen ihre Aufgaben mit Blick auf die im politischen Kräftespiel ansonsten tendenziell zu kurz kommenden Interessen der Allgemeinheit wahr, deren Durchsetzungskraft sie stärken sollen. Dazu gehört vor allem die Durchsetzung von mehr Rationalität. Akzeptiert man dies, so wird auch klar, warum der Versuch, die Rechnungshöfe in das überkommene Gewaltenteilungsschema einzuordnen, insbesondere sie der Legislative oder der Exekutive zuzuordnen, von vornherein zum Scheitern verurteilt ist. Denn allgemeine Interessen kommen in *beiden* Bereichen tendenziell zu kurz, es bedarf also in beiden Bereichen des Gegengewichts. Dementsprechend gehören die Rechnungshöfe – ebenso wie z. B. die unabhängige Bundesbank und der Sachverständigenrat zur Begutachtung der gesamtwirtschaftlichen Entwicklung – zu einem Kontrollsystem, das gerade deshalb erforderlich geworden ist, weil das Zusammenspiel der tradierten Gewalten nicht mehr befriedigend funktioniert. Rechnungshöfe, Bundesbank und Sachverständigenrat passen nicht in das überkommene Verständnis des Verfassungsaufbaus, weil sie alle dazu da sind, dessen immer weiter um sich greifende Mängel einzudämmen. Sie sind Bestandteil eines ergänzenden Systems und damit Ausdruck eines erneuerten und an die gewandelten Verhältnisse angepaßten Verständnisses der Gewaltenteilung und -balancierung[38].

Diese Darlegungen zeigen: Durch Erstreckung der Rechnungshof-Kontrolle auch auf politische Entscheidungen wird nicht etwa ein sorgfältig austariertes Gleichgewicht der verfaßten politischen Kräfte gefährdet, vielmehr kann eine solche Kontrolle dazu beitragen, einem bestehenden und immer größer werdenden Ungleichgewicht entgegenzuwirken. Aus dem seinem Sinn entsprechend fortentwickelten Gewaltenteilungsgrundsatz ergeben sich also keine Argumente gegen eine Kontrolle auch von politischen Entscheidungen durch den Rechnungshof, sondern umgekehrt Argumente dafür. Berücksichtigt man gleichzeitig, daß auch die positive Rechtslage in die gleiche Richtung geht, so steht einer Kontrolle auch der Politik durch den Rechnungshof grundsätzlich nichts mehr im Wege.

---

[38] *v. Arnim,* Gemeinwohl und Gruppeninteressen, 197 f., 374 f.; *ders.,* Staatslehre, 500 ff.; *Jürgen Becker,* Gewaltenteilung im Gruppenstaat, 1986.

XXIII. Zusammenfassung

1. Das Prinzip der Wirtschaftlichkeit staatlichen Handelns stellt ein fächerübergreifendes Thema dar, das im Schnittpunkt der Wirtschafts-, der
   Rechts- und der Verwaltungswissenschaften steht und auch für die Wissenschaft von der rationalen Politik Relevanz besitzt.

2. Das Thema Wirtschaftlichkeit ist jedoch noch nicht voll erschlossen; viele
   Fragen sind ungeklärt. Das hat dogmengeschichtliche Gründe („Dogma
   von der außerrechtlichen Natur des Zweckmäßigen"), die inzwischen
   zwar weggefallen sind, gleichwohl nachwirken. Zugrunde liegen aber
   auch machtpolitische Gründe, die nach wie vor Gewicht besitzen. Kaum
   jemand (außer vielleicht den Rechnungshöfen, den Finanzministerien
   und den Haushalts- und Rechnungsprüfungsausschüssen der Parlamente)
   scheint an der Beachtung des Wirtschaftlichkeitsprinzips wirklich Interesse zu haben. In Anbetracht der knapper werdenden Ressourcen müssen
   heute aber verstärkte Anstrengungen unternommen werden, um den
   Grad der Wirtschaftlichkeit staatlichen Handelns zu verbessern.

3. Bund, Länder und Kommunen sind auf die Beachtung der „Grundsätze
   der Wirtschaftlichkeit und Sparsamkeit" rechtlich verpflichtet (vgl. §§ 6 I
   HGrG, 7 I BHO und die entsprechenden Bestimmungen des Kommunalrechts).

4. Die gesetzlichen Bestimmungen enthalten keine Definition des Begriffs
   „Wirtschaftlichkeit", wohl aber die Vorläufigen Verwaltungsvorschriften
   zu § 7 BHO (Nr. 1):

   „Nach dem Grundsatz der Wirtschaftlichkeit ist bei allen Maßnahmen des Bundes einschließlich solcher organisatorischer oder verfahrensmäßiger Art die günstigste Relation zwischen dem verfolgten Zweck und den einzusetzenden Mitteln anzustreben. Die
   günstigste Zweck-Mittel-Relation besteht darin, daß entweder

   – ein bestimmtes Ergebnis mit möglichst geringem Einsatz von Mitteln oder

   – mit einem bestimmten Einsatz von Mitteln das bestmögliche Ergebnis

   erzielt wird."

   Danach hat das Wirtschaftlichkeitsprinzip zwei Bestandteile:

   – das Minimalprinzip und

   – das Maximalprinzip.

   Das Minimalprinzip ist gleichbedeutend mit dem Sparsamkeitsprinzip, das
   Maximalprinzip mit dem Effektivitätsprinzip.

5. Der Wirtschaftlichkeitsbegriff erschöpft sich darin aber nicht. Es kommt zusätzlich auch darauf an, die positive Differenz zwischen Mitteleinsatz (Kosten) und Zweckerreichung (Nutzen) – oder hilfsweise den Quotienten aus beiden Größen – möglichst zu maximieren.

6. Das Wirtschaftlichkeitsprinzip verlangt die Anwendung einer bestimmten zielorientierten („finalen") Methode und setzt neben Informationen über die Folgen möglicher Handlungsalternativen Klarheit über die relevanten Zwecke voraus. Das Wirtschaftlichkeitsprinzip verlangt die Optimierung einer Zweck-Mittel-Relation (bzw. das Ausscheiden schlechter Alternativen).

7. Das Wirtschaftlichkeitsprinzip ist als allgemeines Rationalprinzip offen für die Anwendung auf alle denkbaren Zwecke und insofern ein formales Prinzip. Demgegenüber erfährt das Rechtsprinzip der Wirtschaftlichkeit des staatlichen Gemeinwesens der Bundesrepublik Deutschland insofern eine Einschränkung, als das Grundgesetz eine objektive Wertordnung errichtet hat und den Staat auf bestimmte, wenn auch meist sehr weit gefaßte letzte Zwecke festlegt und gewisse andere Zwecke ausschließt (vgl. auch Ziff. 9 f).

8. Das Wirtschaftlichkeitsprinzip verlangt nicht die (meist praktisch unmögliche) Ermittlung einzig-richtiger, sondern lediglich die Identifizierung (und Ausscheidung) unrichtiger Lösungen.

9. Das Wirtschaftlichkeitsprinzip ist gegenüber verwandten Begriffen abzugrenzen:

   a) Effizienz und Rationalität sind nach der hier vertretenen Auffassung gleichbedeutend mit Wirtschaftlichkeit.

   b) Sparsamkeit und Effektivität umfassen jeweils bestimmte Bestandteile des Wirtschaftlichkeitsprinzips (vgl. soeben Ziff. 4).

   c) Das Wirtschaftlichkeitsprinzip enthält auch das – hier lediglich auf das Verhältnis Staat – Gesellschaft bezogene – Subsidiaritätsprinzip.

   d) Das Übermaßverbot mit seinen Bestandteilen der Erforderlichkeit (einschließlich Eignung) und der Verhältnismäßigkeit ieS braucht keinesfalls auf den Eingriffsbereich, in dem seine Geltung als Rechtsprinzip anerkannt ist, beschränkt zu bleiben. Erstreckt man das Übermaßverbot auch auf staatliche Leistungen, auf Organisation und Verfahren, so markiert das Übermaßverbot einen praktisch besonders bedeutsamen Teil des allgemeinen Wirtschaftlichkeitsprinzips.

   e) Wirtschaftlichkeit ist eine Form der Zweckmäßigkeit. Soweit Wirtschaftlichkeit heute ein Rechtsprinzip darstellt, muß der überkommene Gegensatz von Rechtmäßigkeit und Zweckmäßigkeit überdacht und das Verhältnis beider Begriffe neu bestimmt werden (Ziff. 16).

   f) Der Begriff des Gemeinwohls umfaßt Wirtschaftlichkeit, verstanden als allgemeines Rationalprinzip, geht aber als wertgebundener Begriff noch darüber hinaus, weil er auch die Festlegung des bundesrepublikanischen Staates und seiner Organe auf bestimmte – wenn auch gelegentlich sehr weite und unbestimmte – grundgesetzliche Zwecke umfaßt und andere Zwecke ausschließt. Aus dem formalen allgemeinen Wirtschaftlichkeitsprinzip wird ein auch materiales Prinzip.

10. Das Wirtschaftlichkeitsprinzip bindet die handelnden Akteure (Bindungsnorm) und ist Maßstab für die Kontrolle z. B. durch Gerichte, Rechtsaufsichtsbehörden, Rechnungshöfe oder kommunale Finanzkontrollbehörden (Kontrollnorm). Beide Aspekte sind gedanklich auseinanderzuhalten: sie fallen in der Praxis zwar meist zusammen, können aber auch divergieren. Die rechtliche Bindung des Wirtschaftlichkeitsprinzips kann in bestimmten Fällen weiter gehen als die Kontrolle. Beispiele finden sich im Kommunalrecht. Auch der umgekehrte Fall ist denkbar (vgl. sogleich Ziff. 13).

11. An das Wirtschaftlichkeitsprinzip sind kraft ausdrücklicher Rechtsvorschriften die Kommunen gebunden, auch die Gemeindevertretungen, ebenso die gesamte staatliche Verwaltung beim Haushaltsvollzug, aber auch der staatliche Haushaltsgeber bei der Aufstellung des Haushaltsplans.

12. Darüber hinaus ist das Wirtschaftlichkeitsprinzip auch Verfassungsprinzip. Dies folgt aus

– Art. 114 II GG und entsprechenden Bestimmungen in den Landesverfassungen;

– der Eigentumsgarantie des Art. 14 GG;

– Art. 1 und 20 GG; besonders aber aus

– der verfassungsrechtlichen Bindung aller Staatsgewalt an Gemeinwohl (einschließlich Rationalität).

13. Das Wirtschaftlichkeitsprinzip als Verfassungsprinzip bindet nach hier vertretener, allerdings umstrittener Auffassung auch den Gesetzgeber. Lehnt man die Bindung des Gesetzgebers ab, so kommt immer noch seine Kontrolle anhand des Wirtschaftlichkeitsmaßstabes durch den Rechnungshof in Betracht.

14. Das Wirtschaftlichkeitsgebot bezieht sich grundsätzlich auf diejenigen Belange, für deren Wahrnehmung die jeweilige Entscheidungseinheit (Bund, Land, Kommune, Behörde) zuständig ist. Dies folgt aus der Akzessorietät von Kompetenz, Verantwortung und Kontrolle.

15. Das Wirtschaftlichkeitsprinzip bezieht sich grundsätzlich nicht nur auf betriebswirtschaftliche, sondern auch auf gesamtwirtschaftliche Größen. Einzubeziehen sind neben den „rein ökonomischen" auch gesellschaftliche (soziale) Gesichtspunkte.

16. Recht ieS und Wirtschaftlichkeit sind beide Recht. Sie unterscheiden sich aber voneinander durch ihre Struktur und die jeweils erforderliche Auslegungsmethode: Recht ieS impliziert typischerweise konditionale Programmierung und wird durch Subsumtion ermittelt. Wirtschaftlichkeit setzt finale Programmierung voraus und wird durch Optimierung ermittelt. Im Kollisionsfall geht Recht ieS dem Wirtschaftlichkeitsgrundsatz vor. Für Wirtschaftlichkeitserwägungen ist also nur Raum, soweit das durch Subsumtion zu ermittelnde Recht ieS Spielräume läßt. Der Umfang solcher Spielräume nimmt mit der Höhe der Normenstufe zu. Der Normunterworfene ist intensiver gebunden als der Normsetzer.

17. Das Gebot der Wirtschaftlichkeit ist Bestandteil des staatlichen Innenrechts, gleichwohl heute bindendes Recht. Soweit das Außenrecht einen Spielraum läßt, kann das Wirtschaftlichkeitsprinzip auch außenrechtliche Wirkung haben.

18. Das Wirtschaftlichkeitsprinzip ist Teil des objektiven Rechts. Einzelne Bürger haben keinen Anspruch auf seine Einhaltung und können deshalb gegen Verletzungen des Wirtschaftlichkeitsgebots nicht gerichtlich vorgehen. Zu gerichtlichen Entscheidungen kann es aber kommen, wenn z. B. die Rechtsaufsichtsbehörde Akte eines Selbstverwaltungsträgers als unwirtschaftlich beanstandet und dieser dagegen gerichtliche Klage erhebt.

19. In der Literatur ist umstritten, ob die Rechnungshöfe sich bei der Wirtschaftlichkeitskontrolle in ähnlicher Weise zurückhalten müssen wie die Gerichte und Rechtsaufsichtsbehörden. Die bisher herrschende Auffassung bejaht die Frage und nimmt einen entsprechenden Rechnungshof-„restraint" an: Der Rechnungshof müsse von einer Beanstandung absehen, wenn das kontrollierte Finanzgebaren noch vertretbar sei. Eine neuere Auffassung tritt dem mit guten Gründen entgegen.

20. Die Rechnungshöfe dürfen auch politische Entscheidungen, auch solche des Gesetzgebers, zum Gegenstand ihrer Kontrolle machen. Das Demokratie- und das Gewaltenteilungsprinzip stehen nicht entgegen, sondern verlangen eine solche Kontrolle geradezu.

Literaturverzeichnis

Albers, Willi: Ziele und Bestimmungsgründe der Finanzpolitik, in: Fritz Neumark (Hg.): Handbuch der Finanzwissenschaft, Band I, 3. Aufl., Tübingen 1977, S. 123 - 163

Alexy, Robert: Zum Begriff des Rechtsprinzips, in: Rechtstheorie, Beiheft 1, Berlin 1979, S. 59 - 87

— Theorie der Grundrechte, Baden-Baden 1985

von Arnim, Hans Herbert: Gemeinwohl und Gruppeninteressen. Die Durchsetzungsschwäche allgemeiner Interessen in der pluralistischen Demokratie. Ein Beitrag zu verfassungsrechtlichen Grundfragen der Wirtschaftsordnung, Frankfurt a. M. 1977

— Wirksamere Finanzkontrolle bei Bund, Ländern und Gemeinden. Analyse und Reformvorschläge, Schriften des Karl-Bräuer-Instituts des Bundes der Steuerzahler, Heft 42, Wiesbaden 1978

— Besteuerung und Eigentum, Vortrag bei der Jahrestagung der Vereinigung der Deutschen Staatsrechtslehrer 1980 in Innsbruck, in: Veröffentlichungen der Vereinigung der Deutschen Staatsrechtslehrer, Heft 39, Berlin und New York 1981, S. 286 - 360

— Zur Neuordnung der kommunalen Finanzkontrolle in Baden-Württemberg, Schriften des Bundes der Steuerzahler Baden-Württemberg Nr. 43, Stuttgart 1983

— Staatslehre der Bundesrepublik Deutschland, München 1984

— Die Einführung der überörtlichen Kommunalprüfung in Hessen ist überfällig, Gutachten für den Bund der Steuerzahler Hessen e.V., Wiesbaden 1985

— Volkswirtschaftspolitik, 5. Aufl., Frankfurt a. M. 1985

Becker, Helmut / *Kluge,* Alexander: Kulturpolitik und Ausgabenkontrolle. Zur Theorie und Praxis der Rechnungsprüfung, Frankfurt a. M. 1961

Becker, Jürgen: Gewaltenteilung im Gruppenstaat. Ein Beitrag zum Verfassungsrecht des Parteien- und Verbändestaates, Baden-Baden 1986

Bethge, Herbert: Die Grundrechtsberechtigung juristischer Personen nach Art. 19 Abs. 3 Grundgesetz, Schriften der Universität Passau, Reihe Rechtswissenschaft, Band 3, Passau 1985

Bettermann, Karl August: Gewerbefreiheit der öffentlichen Hand, in: Berliner Festschrift für Ernst E. Hirsch, hrsg. von Mitgliedern der Juristischen Fakultät, Berlin 1968, S. 1 - 24

— Juristische Personen des öffentlichen Rechts als Grundrechtsträger, in: Neue Juristische Wochenschrift, 22. Jg., S. 1321 - 1328

Böckenförde, Ernst-Wolfgang: Die Organisationsgewalt im Bereich der Regierung. Eine Untersuchung zum Staatsrecht der Bundesrepublik Deutschland, Berlin 1964

— Demokratie als Verfassungsprinzip, in: Josef Isensee / Paul Kirchhof (Hg.): Handbuch des Staatsrechts der Bundesrepublik Deutschland, Band I: Grundlagen von Staat und Verfassung, Heidelberg 1987, S. 887 - 952

Bonner Kommentar (Kommentar zum Bonner Grundgesetz), Hamburg 1950, Loseblatt, Stand: September 1987

Brecht, Arnold: Politische Theorie, 2. Aufl., Tübingen 1976

— Besprechung von Ebenstein, Die rechtsphilosophische Schule der reinen Rechtslehre, 1938, in: The American Political Science Review 32, 1938, S. 1173 - 1175

— The New German Constitution, in: Social Research 16, 1949, S. 425 - 473

Breuer, Rüdiger: Selbstbindung des Gesetzgebers durch Programm- und Plangesetze?, in: Deutsches Verwaltungsblatt, 85. Jg., 1970, S. 101 - 105

Bryde, Brun-Otto: Verfassungsentwicklung, Stabilität und Dynamik im Verfassungsrecht der Bundesrepublik Deutschland, Baden-Baden 1982

Büch, Martin-Peter: Zur Bestimmung der Grundsätze der Wirtschaftlichkeit und der Sparsamkeit im öffentlichen Haushalt der Bundesrepublik Deutschland, Köln, Berlin, Bonn und München 1976

Bundesrechnungshof: Bemerkungen des Bundesrechnungshofs zur Bundeshaushaltsrechnung (einschließlich der Bundesvermögensrechnung) für das Haushaltsjahr 1978, Deutscher Bundestag, 9. Wahlperiode, Drucksache 9/38 vom 11. 12. 1980

— Bemerkungen des Bundesrechnungshofes zur Bundeshaushaltsrechnung (einschließlich der Bundesvermögensrechnung) für das Haushaltsjahr 1980, Deutscher Bundestag, 9. Wahlperiode, Drucksache 9/2108 vom 16. 11. 1982

Burmeister, Joachim: Verfassungsrechtliche Grundfragen der kommunalen Wirtschaftsbetätigung, in: Albert von Mutius (Hg.): Selbstverwaltung im Staat der Industriegesellschaft, Festgabe zum 70. Geburtstag von Georg Christoph Unruh, Heidelberg 1983, S. 623 - 658

Cattepoel, Jan: Ermessen und Beurteilungsspielraum, Verwaltungsarchiv, 71. Band, 1980, S. 140 - 160

Drews, Bill / *Wacke,* Gerhard / *Vogel,* Klaus / *Martens,* Wolfgang: Gefahrenabwehr. Allgemeines Polizeirecht (Ordnungsrecht) des Bundes und der Länder, 9. Aufl., Köln, Berlin, Bonn und München 1986

Dürig, Günter: Verfassung und Verwaltung im Wohlfahrtsstaat, in: Juristenzeitung, 8. Jg., S. 193 - 199

Eggeling, Ulrich: Finanzkontrolle im Bundesstaat, Arbeitspapier Nr. 20 des Lorenz-von-Stein-Instituts für Verwaltungswissenschaften an der Christian-Albrechts-Universität zu Kiel, Kiel 1986

Ehlers, Dirk: Verwaltung in Privatrechtsform, Berlin 1984

Eichhorn, Peter: Leistungssteigerung in der öffentlichen Verwaltung, Forschungsbericht Nr. 37 der Konrad-Adenauer-Stiftung, hrsg. von Franz Schuster, St. Augustin 1984

— Kostendenken im öffentlichen Dienst, in: Klaus König / Hans-Werner Laubinger / Frido Wagener (Hg.): Festschrift für Carl Hermann Ule, Köln 1977, S. 33 - 51

— Verwaltungshandeln und Verwaltungskosten. Möglichkeiten zur Verbesserung der Wirtschaftlichkeit in der Verwaltung, Schriften zur öffentlichen Verwaltung und öffentlichen Wirtschaft, hrsg. von Peter Eichhorn / Peter Friedrich, Band 34, Baden-Baden 1979

— Artikel „Wirtschaftlichkeit", in: Peter Eichhorn (Hg.): Verwaltungslexikon, Baden-Baden 1985, S. 1050 - 1053

Erichsen, Hans-Uwe / *Martens,* Wolfgang: Das Verwaltungshandeln, in: Hans-Uwe Erichsen / Wolfgang Martens (Hg.): Allgemeines Verwaltungsrecht, 7. Aufl., Berlin und New York 1986, S. 131 - 331

Finanzkontrolle: Zu spät, zu dürftig, zu politisch?, Protokoll der Diskussion der Deutschen Vereinigung für Parlamentsfragen vom 25. November 1981, in: Zeitschrift für Parlamentsfragen, 1982, Heft 2, S. 219 - 225

Friauf, Karl-Heinrich: Ordnungsrahmen für das Recht der Subventionen, Referat auf dem 55. Deutschen Juristentag in Hamburg, 1984, in: Verhandlungen des 55. Deutschen Juristentages, Hamburg 1984, hrsg. von der Ständigen Deputation des Deutschen Juristentages, Band II: Sitzungsberichte, München 1984, S. M 8 - M 44

Fritz, Christoph: Vertrauensschutz im Privatrechtsverkehr mit Gemeinden. Insbesondere zum Vertrauensschutz bei Nichtbeachtung der gemeinderechtlichen Sondervorschriften für Verpflichtungserklärungen, Berlin 1983

Gäfgen, Gérard: Theorie der wirtschaftlichen Entscheidung. Untersuchungen zur Logik und Bedeutung des rationalen Handelns, 3. Aufl., Tübingen 1974

— Theorie der Wirtschaftspolitik, in: Werner Ehrlicher / Ingeborg Esenwein-Rothe / Harald Jürgensen / Klaus Rose (Hg.): Kompendium der Volkswirtschaftslehre, Band 2, 4. Aufl., Göttingen 1975, S. 1 - 94

Galette, Alfons / *von Scheliha,* Kurt-Friedrich / *Borchert,* Hartmut / *Bracker,* Reimer / *Dehn,* Klaus-Dieter: Gemeindeordnung, Kreisordnung, Amtsordnung, Gesetz über kommunale Zusammenarbeit für Schleswig-Holstein, Kommentare, 2. Aufl., Wiesbaden 1972, Loseblatt, Stand: Oktober 1987

Giersch, Herbert: Allgemeine Wirtschaftspolitik, Band 1: Grundlagen, Wiesbaden 1961

Greifeld, Andreas: Der Rechnungshof als Wirtschaftlichkeitsprüfer. Ein Beitrag der Verwaltungslehre, München 1981

Grupp, Klaus: Steuerung des Verwaltungshandelns durch Wirtschaftlichkeitskontrolle?, in: Die Öffentliche Verwaltung, 36. Jg., 1983, S. 661 - 667

— Wirtschaftliche Betätigung der öffentlichen Hand unter dem Grundgesetz, in: Zeitschrift für das gesamte Handelsrecht und Wirtschaftsrecht 1976, S. 367 - 393

Häberle, Peter: Öffentliches Interesse als juristisches Problem. Eine Analyse von Gesetzgebung und Rechtsprechung, Bad Homburg 1970

— Effizienz und Verfassung, in: Archiv des öffentlichen Rechts, 98. Band, 1973, S. 625 - 635

Haverkate, Görg: Rechtsfragen des Leistungsstaats. Verhältnismäßigkeitsgebot und Freiheitsschutz im leistenden Staatshandeln, Tübingen 1983

Heller, Hermann: Staatslehre, Leiden 1934

Hengstschläger, Johannes: Der Rechnungshof. Organisation und Funktion der obersten Finanzkontrolle in Österreich, Berlin 1982

Herzog, Roman: Allgemeine Staatslehre, Frankfurt a. M. 1971

Hesse, Konrad: Grundzüge des Verfassungsrechts der Bundesrepublik Deutschland, 15. Aufl., Heidelberg 1985

Heuer, Ernst / *Dommach,* Hermann (Hg.): Handbuch der Finanzkontrolle. Kommentar zum Bundeshaushaltsrecht, bearbeitet von den Mitgliedern des Bundesrechnungshofes, Frankfurt a. M. 1981, Loseblatt, Stand: Oktober 1986

Hirsch, Joachim: Parlament und Verwaltung, Teil 2: Haushaltsplanung und Haushaltskontrolle in der Bundesrepublik Deutschland, Stuttgart, Berlin, Köln und Mainz 1968

Hirschberg, Lothar: Der Grundsatz der Verhältnismäßigkeit, Göttingen 1981

Isensee, Josef: Subsidiaritätsprinzip und Verfassungsrecht. Eine Studie über das Regulativ des Verhältnisses von Staat und Gesellschaft, Berlin 1968

— Der Fiskalbeamte – ein Fiskalprivileg. Der Beamte im Dienst der erwerbswirtschaftlichen Staatstätigkeit, in: Die Öffentliche Verwaltung, 23. Jg., S. 397 - 405

Jarass, Hans D.: Der Vorbehalt des Gesetzes bei Subventionen, in: Neue Zeitschrift für Verwaltungsrecht, 3. Jg., 1984, S. 473 - 480

Jellinek, Walter: Gesetz, Gesetzesanwendung und Zweckmäßigkeitserwägung, Tübingen 1913

Kägi, Werner: Von der klassischen Dreiteilung zur umfassenden Gewaltenteilung, Erstarrte Formeln – bleibende Ideen – neue Formen, in: Festschrift für Hans Huber zum 60. Geburtstag, Bern 1961, S. 151 - 173

Kaufmann, Franz-Xaver / *Majone,* Giandomenico / *Ostrom,* Vincent: Guidance, Control, and Evaluation in the Public Sector, Berlin und New York, 1986

Kelsen, Hans: Das Problem der Souveränität und die Theorie des Völkerrechts. Beitrag zu einer reinen Rechtslehre, 2. Aufl., Tübingen 1928

— Reine Rechtslehre, 2. Aufl., Wien 1960

Kirchhof, Paul: Besteuerung und Eigentum, Vortrag bei der Jahrestagung der Vereinigung der Deutschen Staatsrechtslehrer 1980 in Innsbruck, in: Veröffentlichungen der Vereinigung der Deutschen Staatsrechtslehrer, Heft 39, Berlin und New York 1981, S. 213 - 285

— Die Steuerung des Verwaltungshandelns durch Haushaltsrecht und Haushaltskontrolle, in: Neue Zeitschrift für Verwaltungsrecht, 2. Jg., 1983, S. 505 - 515

Kisker, Gunter: Sicherung von „Wirtschaftlichkeit und Sparsamkeit" durch den Rechnungshof, in: Neue Juristische Wochenzeitschrift, 36. Jg., 1983, S. 2167 - 2172

Klein, Friedrich: Die institutionelle Verfassungsgarantie der Rechnungshofprüfung, in: 250 Jahre Rechnungshofprüfung. Zur zweihundertfünfzigjährigen Wiederkehr der Errichtung der Preußischen Generalrechenkammer, hrsg. vom Bundesrechnungshof, Frankfurt a. M. 1964, S. 133 - 156

Kloepfer, Michael: Gesetzgebung im Rechtsstaat, Vortrag bei der Jahrestagung der Vereinigung der Deutsche Staatsrechtslehrer 1981 in Trier, in: Veröffentlichungen der Vereinigung der Deutschen Staatsrechtslehrer, Heft 40, Berlin und New York 1982, S. 63 - 98

Koch, Hans Joachim / *Rüßmann,* Helmut: Juristische Begründungslehre. Eine Einführung in die Grundprobleme der Rechtswissenschaft, München 1982

von Köckritz, Sieghardt / *Ermisch,* Günter / *Lamm,* Christel: Bundeshaushaltsordnung, Kommentar, München 1970, Loseblatt, Stand: Januar 1987

König, Herbert: Rahmenbedingungen wirksamer Finanzkontrolle, Beiträge zur Verwaltungswissenschaft, Hochschule der Bundeswehr, Hamburg 1985

König, Klaus: Erkenntnisinteressen der Verwaltungswissenschaft, Berlin 1970

Kommentar zum Bonner Grundgesetz: siehe Bonner Kommentar

Kommission für wirtschaftlichen und sozialen Wandel: Wirtschaftlicher und sozialer Wandel in der Bundesrepublik Deutschland, Gutachten der Kommission für wirtschaftlichen und sozialen Wandel, Göttingen 1977

Kopp, Ferdinand O.: Verwaltungsgerichtsordnung, Kommentar, 7. Aufl., München 1986

Krebs, Walter: Kontrolle in staatlichen Entscheidungsprozessen. Ein Beitrag zur rechtlichen Analyse von gerichtlichen, parlamentarischen und Rechnungshof-Kontrollen, Heidelberg 1984

Kriele, Martin: Das demokratische Prinzip im Grundgesetz, Vortrag bei der Jahrestagung der Vereinigung der Deutschen Staatsrechtslehrer 1970 in Speyer, in: Veröffentlichungen der Vereinigung der Deutschen Staatsrechtslehrer, Heft 29, Berlin und New York 1971, S. 46 - 84

— Einführung in die Staatslehre, 2. Aufl., Opladen 1981

Krüger, Herbert: Allgemeine Staatslehre, 2. Aufl., Stuttgart, Berlin, Köln und Mainz 1966

Laband, Paul: Das Staatsrecht des Deutschen Reiches, 5. Aufl., 2. Band, Tübingen 1911

Lange, Klaus: Systemgerechtigkeit, in: Die Verwaltung, 4. Band, 1971, S. 259 - 278

Leibholz, Gerhard: Strukturprobleme der modernen Demokratie, Neuausgabe Frankfurt a. M. 1974 der 3. Aufl., Karlsruhe 1967

Leisner, Walter: Effizienz als Rechtsprinzip, Tübingen 1971

Lerche, Peter: Übermaß und Verfassungsrecht. Zur Bindung des Gesetzgebers an die Grundsätze der Verhältnismäßigkeit und der Erforderlichkeit, Köln, Berlin, München und Bonn 1961

von Loebell, Friedrich Wilhelm: Gemeindeordnung für das Land Nordrhein-Westfalen, Kommentar, 4. Aufl., Wiesbaden 1980, Loseblatt, Stand: März 1987

Lohmann, Hans Henning: Die Zweckmäßigkeit der Ermessensausübung als verwaltungsrechtliches Rechtsprinzip, Berlin 1972

Lüersen, Karl / *Neuffer,* Martin: Niedersächsische Gemeindeordnung, Kommentar, Wiesbaden 1972, Loseblatt, Stand: Februar 1987

Luhmann, Niklas: Kann die Verwaltung wirtschaftlich handeln?, in: Verwaltungs-archiv, 51. Band, 1960, S. 97 - 115

— Lob der Routine, in: Verwaltungsarchiv, 55. Band, 1964, S. 1 - 33

— Recht und Automation in der öffentlichen Verwaltung. Eine verwaltungswissen-schaftliche Untersuchung, Schriftenreihe der Hochschule Speyer, Band 29, Berlin 1966

— Rechtssoziologie, 2 Bände, Reinbek bei Hamburg 1972

— Politische Verfassungen im Kontext des Gesellschaftssystems, in: Der Staat, 12. Band, 1973, S. 1 - 22 (Teil 1) und S. 165 - 182 (Teil 2)

Maunz, Theodor / *Dürig*, Günter / *Herzog*, Roman / *Scholz*, Rupert / *Lerche*, Peter / *Papier*, Hans-Jürgen / *Randelzhofer*, Albrecht / *Schmidt-Aßmann*, Eberhard: Grundgesetz, Kommentar, München, Loseblatt, Stand: Januar 1987

Maurer, Hartmut: Allgemeines Verwaltungsrecht, 5. Aufl., München 1986

Mayer, Franz / *Kopp*, Ferdinand O.: Allgemeines Verwaltungsrecht, 5. Aufl., Stutt-gart, München und Hannover 1985

Mayer, Otto: Deutsches Verwaltungsrecht, 1. Band, 3. Aufl., Berlin 1924

Möller, Alex (Hg.): Gesetz zur Förderung der Stabilität und des Wachstums der Wirt-schaft und Art. 109 Grundgesetz. Kommentar unter besonderer Berücksichtigung der Entstehungsgeschichte, 2. Aufl., Hannover 1969

Morell, Paul: Der Bundeshaushalt. Recht und Praxis. Kommentar zur Bundeshaushalts-ordnung, Wiesbaden 1983

von Münch, Ingo (Hg.): Grundgesetz-Kommentar, Band 3 (Artikel 70 - 146), 2. Aufl., München 1983

Mußgnug, Reinhard: Der Haushaltsplan als Gesetz, Göttingen 1976

von Mutius, Albert: Die Steuerung des Verwaltungshandelns durch Haushaltsrecht und Haushaltskontrolle, Vortrag bei der Jahrestagung der Vereinigung der Deutschen Staatsrechtslehrer 1983 in Köln, in: Veröffentlichungen der Vereinigung der Deut-schen Staatsrechtslehrer, Heft 42, Berlin und New York 1984, S. 147 - 215

Neitz, Günter: Die kommunale Rechnungsprüfung. Eine kritische, synoptisch vergle-ichende Darstellung des gemeindlichen Rechnungsprüfungswesens in den Ländern der Bundesrepublik Deutschland, Diss. jur., Göttingen 1969

Neumark, Fritz: Probleme und Aspekte der Haushaltsprüfung, unveröffentlichtes Manuskript eines Vortrages vom 27. 11. 1986 in Berlin

Oberle, Max: Der Grundsatz der Verhältnismäßigkeit des polizeilichen Eingriffs, Diss. jur., Zürich 1952

Ossenbühl, Fritz: Verwaltungsvorschriften und Grundgesetz, Bad Homburg v.d.H., Berlin und Zürich 1968

Pagenkopf, Hans: Kommunalrecht, Band 2: Wirtschaftsrecht, 2. Aufl., Köln, Berlin, Bonn und München 1976

Patzig, Werner: Haushaltsrecht des Bundes und der Länder, Band I: Grundriß, Baden-Baden 1981, Band II: Kommentar zu den Rechts- und Verwaltungsvorschriften, Baden-Baden 1982, Loseblatt, Stand: 1987

Piduch, Erwin Adolf: Bundeshaushaltsrecht, Erläuterungen zu den Artikeln 109 bis 115 des Grundgesetzes und zur Bundeshaushaltsordnung unter Berücksichtigung des Haushaltsgrundsätzegesetzes und des Gesetzes zur Förderung der Stabilität und des Wachstums der Wirtschaft mit rechtsvergleichenden Hinweisen auf das Haushaltsrecht der Länder und Gemeinden, Kommentar, Stuttgart, Berlin, Köln und Mainz 1970, Loseblatt, Stand: Januar 1988

von Portatius, Alexander: Das haushaltsrechtliche Bepackungsverbot. Ein Beitrag zur Interpretation des Art. 110 Abs. 4 GG, Berlin 1975

Püttner, Günter: Verwaltungslehre, München 1982

— Unterschiedlicher Rang der Gesetze?, in: Die Öffentliche Verwaltung, 23. Jg., 1970, S. 323 - 325

Pütz, Theodor: Grundlagen der theoretischen Wirtschaftspolitik, 4. Aufl., Stuttgart 1979

Radbruch, Gustav: Rechtsphilosophie, 6. Aufl., Stuttgart 1963

Reding, Kurt: Die Effizienz staatlicher Aktivitäten. Probleme ihrer Messung und Kontrolle, Baden-Baden 1981

Reger, Hans: Bemerkungen zur Finanzkontrolle. Theorie, allgemeine Sach- und Rechtsfragen, Reform, in: Verwaltungsarchiv, 66. Band, 1975, S. 195 - 254 (Teil 1) und S. 319 - 369 (Teil 2)

Reinermann, Heinrich: Wirtschaftlichkeitsanalysen, in: Ulrich Becker / Werner Thieme (Hg.): Handbuch der Verwaltung, Heft 4.6, Köln, Berlin, Bonn und München 1974

— Messungsprobleme der Rechnungskontrolle, in: Franz Letzelter / Heinrich Reinermann (Hg.): Wissenschaft, Forschung und Rechnungshöfe. Wirtschaftlichkeit und ihre Kontrolle, Schriftenreihe der Hochschule Speyer, Band 85, Berlin 1981, S. 225 - 243

Rürup, Bert: Möglichkeiten und Grenzen der Steuerung durch Planung am Beispiel der Finanzen unter Einbeziehung des Kontrollaspekts: Budgetierungsprozeß, Finanzplanung, Finanzkontrolle, in: Hans Herbert von Arnim / Helmut Klages (Hg.), Probleme der staatlichen Steuerung und Fehlsteuerung in der Bundesrepublik Deutschland, Schriftenreihe der Hochschule Speyer, Band 101, Berlin 1986, S. 71 - 89

Rupp, Hans Heinrich: Politische Anforderungen an eine zeitgemäße Gesetzgebungslehre, in: Waldemar Schreckenberger (Hg.): Gesetzgebungslehre, Stuttgart, Berlin, Köln und Mainz 1986, S. 42 - 53

— Die Unterscheidung von Staat und Gesellschaft, in: Josef Isensee / Paul Kirchhof (Hg.): Handbuch des Staatsrechts der Bundesrepublik Deutschland, Band I: Grundlagen von Staat und Verfassung, Heidelberg 1987, S. 1187 - 1223

— „Ermessen", „unbestimmter Rechtsbegriff" und kein Ende, in: Walther Fürst / Roman Herzog / Dieter C. Umbruch: Festschrift für Wolfgang Zeidler, Berlin und New York 1987, S. 455 - 467

Salmen, Rudolf: Das Wirtschaftlichkeitsprinzip in der kommunalen Finanz- und Haushaltsplanung, Berlin 1980

Sauer, Herbert / *Blasius,* Hans: Politik und Finanzkontrolle durch Rechnungshöfe, in: Deutsches Verwaltungsblatt, 100. Jg., 1985, S. 548 - 556

Schachtschneider, Karl Albrecht: Staatsunternehmen und Privatrecht. Kritik der Fiskustheorie, exemplifiziert an § 1 UWG, Berlin 1986

Scheuner, Ulrich: Verantwortung und Kontrolle in der demokratischen Verfassungsordnung, in: Theo Ritterspach / Willi Geiger (Hg.): Festschrift für Gebhard Müller, Tübingen 1970, S. 379 - 402

Schlaich, Klaus: Das Bundesverfassungsgericht – Stellung, Verfahren, Entscheidungen –, München 1985

Schmidt, Jürgen: Wirtschaftlichkeit in der öffentlichen Verwaltung. Kostenermittlung, Kostenrechnung, Wirtschaftlichkeitsberechnung, Wirtschaftlichkeit der ADV, Planungsmethoden, Nutzen-Kosten-Untersuchungen, 2. Aufl., Berlin 1977

Schmidt-Aßmann, Eberhard: Der Rechtsstaat, in: Josef Isensee / Paul Kirchhof (Hg.): Handbuch des Staatsrechts, Bd. I: Grundlagen von Staat und Verfassung, Heidelberg 1987, S. 987 - 1043

Schreiner, Alois: Finanzkontrolle als Instrument rationaler Haushaltsführung, in: Hans Herbert von Arnim / Konrad Littmann (Hg.): Finanzpolitik im Umbruch: Zur Konsolidierung öffentlicher Haushalte, Schriftenreihe der Hochschule Speyer, Band 92, Berlin 1984, S. 223 - 240

Schuppert, Gunnar Folke: Die Steuerung des Verwaltungshandelns durch Haushaltsrecht und Haushaltskontrolle, Vortrag bei der Jahrestagung der Vereinigung der Deutschen Staatsrechtslehrer 1983 in Köln, in: Veröffentlichungen der Vereinigung der Deutschen Staatsrechtslehrer, Heft 42, Berlin und New York 1984, S. 216 - 266

Siedentopf, Heinrich: Wirtschaftlichkeit in der öffentlichen Verwaltung, Baden-Baden 1969

Siedentopf, Heinrich / *Grunwald,* Klaus-Dieter: Die kommunale Rechnungsprüfung, Bestandsaufnahme und Verbesserungsvorschläge, Schriften des Karl-Bräuer-Instituts des Bundes der Steuerzahler, Heft 36, Wiesbaden 1977

Sievert, Olaf: Die wirtschaftspolitische Beratung in der Bundesrepublik Deutschland, in: Hans K. Schneider (Hg.): Grundsatzprobleme wirtschaftspolitischer Beratung, Schriften des Vereins für Socialpolitik, Neue Folge, Band 49, Berlin 1968, S. 27 - 67

Sigg, Wolfgang: Die Stellung der Rechnungshöfe im politischen System der Bundesrepublik Deutschland. Zugleich ein Beitrag zur Finanzkontrolle der Universitäten, Berlin 1983

— Tasks, Organizations and Current Problems of Financial Control in the Federal Republic of Germany, in: Franz-Xaver Kaufmann / Giandomenico Majone / Vincent Ostrom (eds): Guidance, Control, and Evaluation in the Public Sector, Berlin und New York 1986, 720

Simon, Herbert Alexander: Das Verwaltungshandeln (amerikanischer Originaltitel: Administrative Behavior). Eine Untersuchung der Entscheidungsvorgänge in Behörden und privaten Unternehmen (übersetzt aus dem Amerikanischen von Helmut Ridder), Stuttgart 1955

Soell, Hermann: Das Ermessen der Eingriffsverwaltung. Zugleich eine Studie zur richterlichen Ermessenskontrolle im Kartellrecht und zur Bedeutung des détournement de pouvoir im französischen Verwaltungs- und europäischen Gemeinschaftsrecht, Heidelberg 1973

Spaeth, Walter: Finanzkontrolle in Bayern. Grundlagen, Rechtsstellung, Aufgaben, Instrumente, in: Bayerische Landeszentrale für politische Bildungsarbeit (Hg.): Dem Staat in die Kasse geschaut. 175 Jahre Bayerischer Oberster Rechnungshof, München 1987, S. 9 - 21

Steinberg, Rudolf: Evaluation als neue Form der Kontrolle final programmierten Verwaltungshandelns, in: Der Staat, 15. Bd., 1976, S. 185 - 210

Stern, Klaus: Das Staatsrecht der Bundesrepublik Deutschland, Band I: Grundbegriffe und Grundlagen des Staatsrechts, Strukturprinzipien der Verfassung, 2. Aufl., Müchen 1984, Band II: Staatsorgane, Staatsfunktionen, Finanz- und Haushaltsverfassung, Notstandsverfassung, München 1980

— Der rechtliche Standort der Gemeindewirtschaft, in: Archiv für Kommunalwissenschaften, 3. Jg., 1964, S. 81 - 102

Stern, Klaus / *Burmeister,* Joachim: Die kommunalen Sparkassen. Verfassungs- und verwaltungsrechtliche Probleme, Schriftenreihe des Vereins für Kommunalwissenschaften, Band 34, Stuttgart, Berlin, Köln und Mainz 1972

Stern, Klaus / *Püttner,* Günter: Die Gemeindewirtschaft. Recht und Realität. Zum staats- und kommunalverfassungsrechtlichen Standort der kommunalen Wirtschaft, Schriftenreihe des Vereins für Kommunalwissenschaften, Band 8, Stuttgart, Berlin, Köln und Mainz 1965

Stober, Rolf: Zur Problematik des § 44 a Abs. 1 BHO und des entsprechenden Länderrechts, in: Die Öffentliche Verwaltung, 37. Jg., 1984, 265 - 278

Thieme, Werner: Entscheidungen in der öffentlichen Verwaltung, Köln, Berlin, Bonn und München 1981

Tiemann, Burkhard: Die Grundsatzgesetzgebung im System der verfassungsrechtlichen Gesetzgebungskompetenzen, in: Die Öffentliche Verwaltung, 27. Jg., 1974, S. 229 - 237

Tiemann, Susanne: Die staatsrechtliche Stellung der Finanzkontrolle des Bundes, Berlin 1974

Ule, Carl Hermann: Verwaltungsprozeßrecht, 9. Aufl., München 1987

Veröffentlichungen der Vereinigung der Deutschen Staatsrechtslehrer, Heft 42, Berlin und New York 1984

Vogel, Klaus: Verfassungsrechtliche Grenzen der öffentlichen Finanzkontrolle, in: Deutsches Verwaltungsblatt, 85. Jg., 1970, S. 193 - 200

— Begrenzung der Subventionen durch ihren Zweck, in: Rolf Stödter / Werner Thieme (Hg.): Hamburg, Deutschland, Europa: Beiträge zum deutschen und europäischen Verfassungs-, Verwaltungs- und Wirtschaftsrecht, Festschrift für Hans Peter Ipsen zum 70. Geburtstag, Tübingen 1977, S. 539 - 554

Vogel, Klaus / *Kirchhof,* Paul: Bearbeitung des Art. 114 GG (1974), in: Bonner Kommentar

Weber, Max: Gesammelte Aufsätze zur Wissenschaftslehre, 6. Aufl., Tübingen 1985

— Wirtschaft und Gesellschaft. Grundriß der verstehenden Soziologie, 5. Aufl., 1. Halbband, Tübingen 1972

Weber, Werner: Die Teilung der Gewalten als Gegenwartsproblem, in: Hans Barion / Ernst Forsthoff / Werner Weber (Hg.): Festschrift für Carl Schmitt zum 70. Geburtstag, Berlin 1959, S. 253 - 272

Wellhöfer, Hans: Das Übermaßverbot im Verwaltungsrecht. Grundsätzliches und Tendenzen zu den Prinzipien der Notwendigkeit und Verhältnismäßigkeit, Diss. jur., Würzburg 1970

Wittrock, Karl: Möglichkeiten und Grenzen der Finanzkontrolle. Das Verhältnis des Bundesrechnungshofes zum Bundestag, in: Zeitschrift für Parlamentsfragen, 13. Jg., 1982, Heft 2, S. 209 - 219

Wolff, Hans Julius / *Bachof,* Otto: Verwaltungsrecht, Band I, 9. Aufl., München 1974, Band II, 4. Aufl., München 1976, Band III, 4. Aufl., München 1978

Wolff, Hans Julius / *Bachof,* Otto / *Stober,* Rolf: Verwaltungsrecht, Band II, 5. Aufl., München 1987

Zavelberg, Heinz Günter: Staatliche Rechnungsprüfung und Erfolgskontrolle, Möglichkeiten und Grenzen, in: Peter Eichhorn / Gert von Kortzfleisch (Hg.): Erfolgskontrolle bei der Verausgabung öffentlicher Mittel, Schriften zur öffentlichen Verwaltung und öffentlichen Wirtschaft, hrsg. von Peter Eichhorn / Peter Friedrich, Band 91, Baden-Baden 1986, S. 103 - 119

von Zezschwitz, Friedrich: Das Gemeinwohl als Rechtsbegriff, Diss. jur., Marburg 1967

Zippelius, Reinhold: Allgemeine Staatslehre (Politikwissenschaft), 10. Aufl., München 1988

MIX
Papier aus verantwortungsvollen Quellen
Paper from responsible sources
FSC® C105338

Printed by Libri Plureos GmbH
in Hamburg, Germany